AF275152

COLEX

Disfrute gratuitamente **DURANTE UN AÑO** de los eBook y audiolibros de las obras de Editorial Colex*

⊘ Acceda a la página web de la editorial **www.colex.es**

⊘ Identifíquese con su usuario y contraseña. En caso de no disponer de una cuenta regístrese.

⊘ Acceda en el menú de usuario a la pestaña «Mis códigos» e introduzca el que aparece a continuación:

RASCAR PARA VISUALIZAR EL CÓDIGO

⊘ Una vez se valide el código, aparecerá una ventana de confirmación y su eBook y/o audiolibro estará disponible **durante 1 año desde su activación** en la pestaña «Mis libros» en el menú de usuario.

---

* Los audiolibros están disponibles en las ediciones más recientes de nuestras obras. Se excluyen expresamente las colecciones «Códigos comentados», «Biblioteca digital» y los productos de www.vademecumlegal.es.

No se admitirá la devolución si el código promocional ha sido manipulado y/o utilizado.

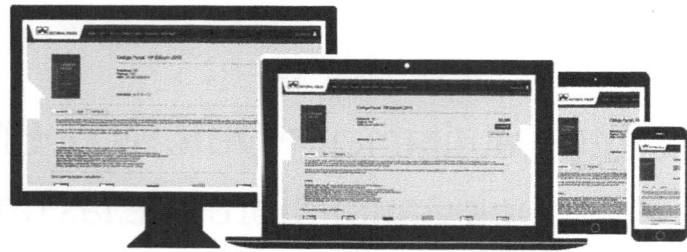

¡Gracias por confiar en nosotros!

La obra que acaba de adquirir incluye de forma gratuita la versión electrónica. Acceda a nuestra página web para aprovechar todas las funcionalidades de las que dispone en nuestro lector.

Funcionalidades eBook

Acceso desde cualquier dispositivo con conexión a internet

Idéntica visualización a la edición de papel

Navegación intuitiva

Tamaño del texto adaptable

Síguenos en:

EL PROCEDIMIENTO DE INSOLVENCIA ÚNICO PARA MICROEMPRESAS

Análisis práctico del procedimiento especial para microempresas introducido por la Ley 16/2022, de 5 de septiembre

EL PROCEDIMIENTO DE INSOLVENCIA ÚNICO PARA MICROEMPRESAS

Análisis práctico del procedimiento especial para microempresas introducido por la Ley 16/2022, de 5 de septiembre

3.ª EDICIÓN 2025

Obra realizada por el Departamento de Documentación de Iberley

COLEX 2025

© Editorial Colex, S.L.
Calle Costa Rica, número 5, 3º B (local comercial)
A Coruña, C.P. 15004
info@colex.es
www.colex.es

I.S.B.N.: 979-13-7011-006-2
Depósito legal: C 469-2025

SUMARIO

ANEXO. FORMULARIOS

0.
INTRODUCCIÓN AL SISTEMA DE INSOLVENCIA ESPAÑOL TRAS LA LEY 16/2022, DE 5 DE SEPTIEMBRE

El sistema de insolvencia tras la reforma concursal de 2022

La **Ley 16/2022, de 5 de septiembre** adoptó las reformas legislativas necesarias para la transposición al derecho español de la Directiva 2019/1023, del Parlamento Europeo y del Consejo, de 20 de junio de 2019, e **introdujo con ello una importante reforma en el texto refundido de la Ley Concursal** aprobado por el Real Decreto legislativo 1/2020, de 5 de mayo (TRLC).

Con dicha reforma se produce un **cambio integral del sistema de insolvencia español,** que busca su flexibilización y agilización y que gira en torno a los siguientes pilares básicos:

- Se **favorecen los mecanismos preconcursales,** a fin de facilitar la reestructuración de empresas viables y la liquidación rápida y ordenada de las que no lo son. Dicho derecho preconcursal se regula en el libro segundo del TRLC.
- Se **reforma el procedimiento concursal** regulado en el libro primero del TRLC con el mismo objetivo. Además, se **configura un procedimiento de segunda oportunidad más eficaz.**
- Se introduce un **nuevo procedimiento de insolvencia único, especial para las microempresas,** con el que se busca dotar de mayor flexibilidad y agilidad a los procedimientos de insolvencia para este tipo de empresas, profesionales o empresarios.

A continuación, expondremos un pequeño resumen de las principales novedades que introdujo la Ley 16/2022, de 5 de septiembre, y cómo queda configurado el sistema de insolvencia español.

El favorecimiento de los mecanismos preconcursales

El **nuevo libro segundo del TRLC** regula el **derecho preconcursal** en sus artículos 583 a 684. Con esta nueva regulación, se establece **un marco de reestructuración preventiva,** a fin de asegurar la continuidad de empresas y negocios que son viables, pero que se encuentran en dificultades financieras que pueden amenazar su solvencia y llevarlas al correspondiente concurso. Se configura como un **sistema más flexible**, dirigido a evitar la insolvencia o a superarla, con características que pretenden incrementar su eficacia.

Con este nuevo mecanismo preconcursal, **cualquier persona natural o jurídica que lleve a cabo una actividad empresarial o profesional, excepto las microempresas,** podrán acudir al procedimiento preconcursal, **cuando se encuentren en probabilidad de insolvencia, insolvencia inminente o insolvencia actual.** Así, un deudor que tenga probabilidad de insolvencia no puede ser sujeto de un concurso de acreedores, pero puede utilizar los mecanismos que integran el derecho preconcursal. De igual forma, aquellos deudores en situación de insolvencia actual o inminente también podrán acudir a estos mecanismos preconcursales.

En este sentido, la reforma define como **probabilidad de insolvencia** aquella situación donde sea objetivamente previsible que, de no alcanzarse un plan de reestructuración, **el deudor no podrá cumplir regularmente sus obligaciones que venzan en los próximos dos años.** Se considera **insolvencia inminente** cuando el deudor prevea que dentro de los **tres meses siguientes no podrá cumplir regular y puntualmente sus obligaciones.** Y se entiende por **insolvencia actual** cuando el deudor no puede cumplir **regularmente sus obligaciones exigibles.**

Debemos señalar que **los autónomos que no sean microempresas pueden acudir** al procedimiento preconcursal del libro segundo del TRLC.

CUESTIÓN

¿Quiénes no podrán acudir al procedimiento preconcursal previsto en el libro segundo del TRLC?

Además de las microempresas, que deberán acudir al procedimiento especial previsto para ellas en el libro tercero del TRLC, según el artículo 583 del TRLC **no podrán acudir al procedimiento preconcursal:**

- Entidades de seguro y reaseguro.
- Entidades de crédito o de inversión u organismos de inversión colectiva.
- Entidades de contrapartida central.
- Depositarios centrales de valores.
- Otras entidades y entes financieros.
- Microempresas, que se regirán exclusivamente por el libro tercero: procedimiento especial único.
- Organismos públicos.

El procedimiento **preconcursal se basa** en que los deudores que puedan acudir a él podrán efectuar **la comunicación de apertura de negociaciones** con los acreedores a fin de alcanzar un plan de reestructuración o bien solicitar **directamente la homologación de un plan de reestructuración.**

Así, con el objetivo de alcanzar un plan de reestructuración, se puede **comunicar la apertura de negociaciones con los acreedores, o la intención de iniciarlas inmediatamente,** al juez a quien correspondería conocer del procedimiento concursal. Con dicha comunicación se obtendrán diversos efectos que pretenden dar margen a la empresa para alcanzar un plan de reestructuración con los acreedores.

Grosso modo, los efectos de la comunicación de la apertura de negociaciones con los acreedores son los siguientes:

Efectos generales de la comunicación	
	No tendrá efecto alguno sobre las facultades de administración y disposición sobre los bienes y derechos del deudor (aunque se nombre experto en reestructuración).
	Se **suspenden las ejecuciones existentes sobre bienes o derechos necesarios** para la actividad.
	Prohibición legal de iniciación de ejecuciones, hasta que transcurran tres meses, sobre bienes necesarios.
	El juez podrá extender la prohibición de iniciación de ejecuciones o la suspensión de las ya iniciadas sobre todos o algunos de los demás bienes o derechos.
	Efectos suspensivos no serán de aplicación a los procedimientos de ejecución de los acreedores públicos.
	Créditos a plazo: la comunicación **no** producirá el **vencimiento anticipado** de los créditos.
	Contratos: rige el **principio general de vigencia de los contratos.** Pero podrán terminarse o cancelarse anticipadamente cuando ello resulte necesario para el buen fin de la reestructuración.
	No se podrán **vencer anticipadamente, resolver o terminar** los **contratos de suministro de bienes, servicios o energía necesarios** para la continuidad de la actividad.
	No podrá presentarse otra comunicación por el mismo deudor en el plazo de un año, a contar desde la presentación.

Efectos sobre las solicitudes de concurso		
	Solicitudes de concurso **presentadas por otros legitimados** distintos del deudor **después de la comunicación no se admitirán a trámite** mientras no transcurra el plazo de 3 meses o su prórroga.	Finalizados efectos comunicación, solo se proveerán transcurrido un mes sin que el deudor hubiera solicitado la declaración de concurso.
	Las presentadas antes de la comunicación aún no admitidas a trámite quedarán **en suspenso.**	
	Transcurrido plazo efectos, **deudor** que no haya alcanzado un plan de reestructuración deberá solicitar la **declaración de concurso dentro del mes siguiente**, salvo que no se encontrara en estado de insolvencia actual.	
	La **solicitud de concurso presentada por el deudor podrá ser suspendida** por el juez **a instancia del experto en la reestructuración** o de **los acreedores que representen más del 50 % del pasivo.**	No para deudores con hasta 49 trabajadores y volumen negocios o balance hasta 10.000.000 euros. Ni deudores persona natural o jurídica con socios responsables de la deuda legalmente.
	En las **sociedades de capital** queda en suspenso el deber **legal de acordar la disolución** por existir pérdidas que dejen reducido el patrimonio neto a una cantidad inferior a la mitad del capital social.	

La **duración** de los **efectos de la comunicación es de 3 meses**, aunque se podrá pedir **prórroga** de la misma por idénticos plazos.

Una vez formulada la comunicación, no podrá presentarse otra por el mismo deudor en el plazo de un año, a contar desde la presentación.

La figura central de este sistema preconcursal son los **planes de reestructuración**, que se configuran como instrumentos dirigidos a evitar la insolvencia, o a superarla, y que permiten una actuación en un estadio de dificultades previo al de los anteriores instrumentos preconcursales.

Los planes de reestructuración son **aquellos que tengan por objeto la modificación de la composición, de las condiciones o de la estructura del activo y del pasivo del deudor, o de sus fondos propios, incluidas las transmisiones de activos, unidades productivas o de la totalidad de la empresa en funcionamiento, así como cualquier cambio operativo necesario, o una combinación de estos elementos.**

A TENER EN CUENTA. La disposición adicional 9.ª del TRLC establece que las referencias normativas a los acuerdos de refinanciación y, en su caso, a los acuerdos extrajudiciales de pagos, han de entenderse realizadas a los planes de reestructuración regulados en el libro segundo, ya que ambas figuras desaparecen.

CUESTIÓN

¿Qué créditos podrán quedar afectados por un plan de reestructuración?

A los efectos del plan de reestructuración, se consideran créditos afectados los que, en virtud del plan de reestructuración, sufran una modificación de sus términos o condiciones. **Cualquier crédito puede ser afectado por el plan de reestructuración, excepto:**

- Créditos de alimentos derivados de una relación familiar.
- Créditos derivados de responsabilidad civil extracontractual.
- Créditos derivados de relaciones laborales distintas de las del personal de alta dirección.
- Créditos futuros que nazcan de contratos de derivados que se mantengan en vigor.

Los créditos públicos podrán quedar afectados por los planes de reestructuración, pero con especialidades y límites (artículos 616 y 616 bis del TRLC).

El **plan de reestructuración** se considerará **aprobado por una clase de créditos afectados si hubiera votado a favor más de los dos tercios del importe del pasivo** correspondiente a esa clase. En el caso de que la clase estuviera formada por **créditos con garantía real**, el plan de reestructuración se considerará aprobado si hubieran votado a favor **tres cuartos del importe del pasivo** correspondiente a esta clase. A los efectos de voto para la aprobación del plan de reestructuración, cada crédito se computará por el **principal más los recargos e intereses vencidos** hasta la fecha de formalización del plan en instrumento público. Los acreedores titulares de **créditos afectados** por el plan de reestructuración **votarán agrupados por clases de créditos.** Además, se podrá pedir la confirmación judicial de la correcta formación de las clases de acreedores con carácter previo a la solicitud de homologación del plan (artículo 625 del TRLC).

El plan de reestructuración podrá ser homologado judicialmente conforme a los artículos 635 a 652 del TRLC. Será necesaria la homologación cuando se pretenda extender sus efectos a acreedores o clases de acreedores que no hubieran votado a favor del plan o a los socios del deudor persona jurídica, cuando se pretenda la resolución de contratos en interés de la reestructuración o cuando se pretenda proteger la financiación interina y la nueva financiación que prevea el plan, así como los actos, operaciones o negocios realizados en el contexto de este frente a acciones rescisorias en los términos previstos en el título III del libro segundo del TRLC, y reconocer a esa financiación las preferencias de cobro previstas en el libro primero del TRLC.

La homologación del plan de reestructuración podrá impugnarse de conformidad con los artículos 653 a 661 del TRLC.

Otra novedad en este ámbito viene marcada por la desaparición del mediador concursal (aunque se mantiene con carácter facultativo para microempresas en el libro tercero) y la introducción de una nueva figura: **el experto en la reestructuración,** que se configura como un **profesional que actuará de intermediario,** básicamente asistiendo al deudor y a los acreedores en las negociaciones y en la elaboración del plan de reestructuración, y elaborando los informes que procedan.

El experto en reestructuración deberá tener los conocimientos especializados, jurídicos, financieros y empresariales y, además, deberá acreditar tener experiencia en materia de reestructuraciones o cumplir los requisitos para ser administrador concursal.

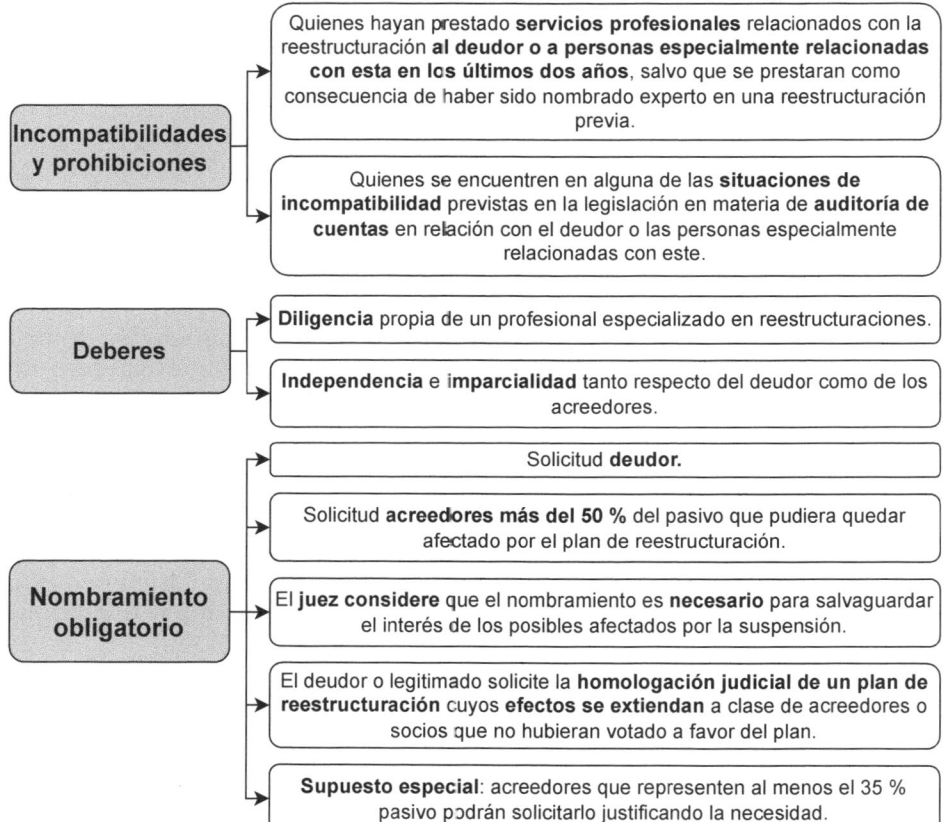

EXPERTO EN REESTRUCTURACIÓN

Persona natural o jurídica, española o extranjera que tenga los conocimientos especializados, jurídicos, financieros y empresariales, así como experiencia en materia de reestructuraciones o que acredite cumplir los requisitos para ser administrador concursal

Incompatibilidades y prohibiciones

Quienes hayan prestado **servicios profesionales** relacionados con la reestructuración **al deudor o a personas especialmente relacionadas con esta en los últimos dos años**, salvo que se prestaran como consecuencia de haber sido nombrado experto en una reestructuración previa.

Quienes se encuentren en alguna de las **situaciones de incompatibilidad** previstas en la legislación en materia de **auditoría de cuentas** en relación con el deudor o las personas especialmente relacionadas con este.

Deberes

Diligencia propia de un profesional especializado en reestructuraciones.

Independencia e **imparcialidad** tanto respecto del deudor como de los acreedores.

Nombramiento obligatorio

Solicitud **deudor**.

Solicitud **acreedores más del 50 %** del pasivo que pudiera quedar afectado por el plan de reestructuración.

El **juez considere** que el nombramiento es **necesario** para salvaguardar el interés de los posibles afectados por la suspensión.

El deudor o legitimado solicite la **homologación judicial de un plan de reestructuración** cuyos **efectos se extiendan** a clase de acreedores o socios que no hubieran votado a favor del plan.

Supuesto especial: acreedores que representen al menos el 35 % pasivo podrán solicitarlo justificando la necesidad.

La entrada en vigor de este nuevo libro segundo se produce al mismo tiempo que el grueso de la reforma del TRLC (el 26 de septiembre de 2022).

A TENER EN CUENTA. Lo previsto en el libro segundo también resultará de aplicación a aquellos planes que se negocien y a las solicitudes de homologación que se presenten a partir de la entrada en vigor de la Ley 16/2022, de 5 de septiembre, tal y como señala la disposición transitoria primera de la citada norma. Por tanto, tras la entrada en vigor del TRLC, se suprimen los acuerdos de refinanciación y los acuerdos extrajudiciales de pagos, que quedan reducidos a un único instrumento: los planes de reestructuración; aunque con algunas adaptaciones para los deudores de menor activo, de menor cifra de negocios o de menor número de trabajadores.

El procedimiento concursal

La Ley 16/2022, de 5 de septiembre, introdujo asimismo **importantes modificaciones en el libro primero del TRLC**, que regula el concurso de acreedores en los artículos 1 a 582 de la citada norma.

La declaración de concurso procederá con respecto a cualquier deudor, sea persona natural o jurídica, que se encuentre en estado de **insolvencia actual o inminente**, con la **excepción de las microempresas**, que deben acudir necesariamente al procedimiento especial para ellas, regulado en el libro tercero del TRLC.

Entre los cambios introducidos por la Ley 16/2022, de 5 de septiembre, cabría destacar la **regulación expresa del concurso sin masa** (artículos 37 bis a 37 quinquies del TRLC) **y del «pre-pack» concursal** (artículo 224 bis del TRLC), **y en la regulación del convenio**.

Así, habrá **concurso sin masa** cuando concurran los siguientes supuestos por este orden:

- El concursado carece de bienes y derechos que sean legalmente embargables.
- El coste de realización de los bienes y derechos es desproporcionado respecto al previsible valor venal.
- Los bienes y derechos del concursado libres de cargas son de menos valor que el previsible coste del procedimiento.
- Los gravámenes y las cargas existentes sobre ellos son superiores a su valor de mercado.

Por lo que se refiere al «pre-pack» concursal, se regula en el nuevo artículo 224 bis del TRLC como **la posibilidad de que se solicite el concurso con presentación de oferta de adquisición de una o varias unidades productivas**; y, por su parte, los artículos 224 ter a septies regulan el **nombramiento de experto para recabar ofertas de adquisición de la unidad productiva**.

CUESTIONES

1. ¿Qué es el pre-pack concursal?

A este respecto, el artículo 224 bis del TRLC regula la presentación de solicitud de concurso con oferta de adquisición de una o varias unidades productivas. En la propuesta vinculante de adquisición, el acreedor o el tercero deberá asumir la obligación de continuar o de reiniciar la actividad con la unidad o unidades productivas a las que se refiera la propuesta por un mínimo de tres años; y, en caso de incumplimiento, cualquier afectado podrá reclamarle la indemnización de los daños y perjuicios causados.

A su vez, en caso de probabilidad de insolvencia o de insolvencia inminente o actual, el deudor podrá solicitar del juzgado competente el nombramiento de un experto que recabe ofertas de terceros para la adquisición, con pago al contado, de una o varias unidades productivas de las que sea titular, con el régimen previsto en los artículos 224 ter y siguientes del TRLC.

2. Un deudor que prevé que no va a poder abonar en un año sus créditos, ¿podrá acudir al concurso de acreedores?

No, se trata de una insolvencia posible, y el deudor solo podrá acudir al concurso de acreedores en caso de insolvencia actual o insolvencia inminente (cuando prevea que no podrá abonar los créditos dentro de los 3 meses siguientes). Sin embargo, el deudor que esté en situación de probabilidad de insolvencia sí podrá utilizar los mecanismos que integran el derecho preconcursal.

Por lo demás, el concurso de acreedores se configura en **dos fases** sucesivas:

– La **primera fase o fase común**, destinada básicamente a la determinación de las masas activa y pasiva. Se extiende desde el auto de declaración de concurso hasta la consolidación del inventario y la lista de acreedores.

– La segunda fase, de contenido alternativo, que puede ser la **fase de convenio o la fase de liquidación**.

Sin embargo, el modelo no es rígido y puede reducirse a un proceso en el que la fase común se superpone con la de convenio o liquidación, o bien ampliarse a un modelo de tres fases sucesivas.

El concurso se divide en **seis secciones** y las **actuaciones de cada una de ellas se ordenan en cuantas piezas separadas** sean necesarias o convenientes. En el caso de **concursos conexos**, se abrirán tantas secciones como concursos se hubieran declarado conjuntamente o se hubieran acumulado, salvo las secciones tercera y cuarta, que serán comunes si el juez hubiera acordado acumulación de masas.

La reforma concursal operada por la Ley 16/2022, de 5 de septiembre, estableció como **regla general para la enajenación de los bienes y derechos afectos a créditos con privilegio especial la de su enajenación mediante subasta electrónica**, salvo que el juez autorice otro modo (artículo 209 del TRLC). De igual modo para la enajenación del conjunto de una empresa o una o varias unidades productivas hasta la aprobación del convenio o la apertura de la fase de liquidación también se establece la subasta electrónica, salvo que el juez autorice otro modo (artículo 215 del TRLC).

Además, como novedad, tras la entrada en vigor de la Ley 16/2022, de 5 de septiembre, según el artículo 508 bis del TRLC, **la duración del procedimiento de concurso**, desde la apertura de la sección primera al cierre de la quinta, **no podrá ser superior a doce meses**. Sin embargo, el **juez podrá acordar una ampliación del plazo de duración del mismo si fuera necesario** en atención a la complejidad del concurso o a las circunstancias justificadas que pudieran concurrir.

Reglamentariamente, **los concursos de clasificarán en tres clases por razón de la complejidad que previsiblemente tuvieren** y se precisarán los requisitos que el administrador concursal ha de cumplir para poder ser inscrito en cada clase.

|| Los administradores concursales

La reforma operada por la Ley 16/2022, de 5 de septiembre, en materia concursal, ha supuesto una regulación más exhaustiva de la figura del administrador concursal.

Administrador concursal

- Persona, natural o jurídica, inscrita en el RPC
- Para ello debe tener titulación y superar un examen de aptitud profesional que se establezca en el Reglamento de la administración concursal (personas jurídicas debe tenerlo el representante)
- Debe acreditar que tiene vigente un seguro de responsabilidad civil o garantía equivalente

Incompatibilidades

- No puedan ser administradores de sociedades anónimas o de responsabilidad limitada
- Hayan prestado cualquier clase de **servicios profesionales al deudor o a personas especialmente relacionadas** con este en los **últimos 3 años**
- Hubieran **compartido con el deudor el ejercicio de actividades profesionales** de la misma o diferente naturaleza en los **últimos 3 años**
- Estén en situaciones de **incompatibilidad** previstas en la **legislación en materia de auditoría de cuentas**

Prohibiciones

- Estén especialmente relacionados con alguna persona que haya prestado cualquier clase de servicios profesionales al deudor o a personas especialmente relacionadas con este en los últimos tres años
- Nombrados discrecionalmente AC o auxiliar delegado en los concursos de mayor complejidad por el mismo juzgado o juez en 3 concursos dentro de los 2 años anteriores
- Separados de AC o auxiliar delegado dentro de los 3 años anteriores
- Inhabilitados
- Hubiera sido nombrado experto en la reestructuración

Deberes

- Diligencia debida, del modo más eficiente para el interés del concurso
- Independencia e imparcialidad, tanto respecto del deudor como de los acreedores

Retribución

- Retribución con cargo a la masa, determinada mediante un arancel. No obstante, los artículos 84 a 89 TRLC (referidos a la retribución del AC) entrarán en vigor cuando se apruebe el reglamento. Mientras tanto, permanecerán en vigor los artículos 27, 34 y 198 de la Ley 22/2003, de 9 de julio, en la redacción anterior a la entrada en vigor de la Ley 17/2014, de 30 de septiembre

CUESTIONES

1. ¿Todos los que quieran ser administradores concursales deberán pasar el examen previo?

No, excepcionalmente se podrá excluir de la realización de la prueba a los abogados, economistas, titulados mercantiles y auditores que acrediten la experiencia previa como administrador concursal determinada reglamentariamente.

2. ¿Podrán ser administradores concursales las personas jurídicas?

Sí, las personas jurídicas podrán inscribirse en el Registro público concursal cuando cumplan los requisitos establecidos en el Reglamento de la administración concursal, pero sus socios o representantes legales deberán cumplir los requisitos previstos para inscribirse individualmente.

3. ¿El experto para recabar ofertas de adquisición podrá ser nombrado administrador concursal?

Sí, en el concurso posterior, el juez podrá ratificar al experto para recabar ofertas, y en ese caso pasará a ser el administrador concursal.

La configuración de un procedimiento de segunda oportunidad más eficaz

El mecanismo de la **segunda oportunidad o exoneración del pasivo insatisfecho** se encuentra regulado dentro del libro primero del TRLC (**artículos 486 y siguientes**).

Con las modificaciones introducidas se busca que el procedimiento de segunda oportunidad sea más eficaz, **ampliando la relación de deudas exonerables** e introduciendo la posibilidad de que **se lleve a cabo con sujeción a un plan de pagos y sin liquidación previa del patrimonio del deudor**. Podrá acceder a él el deudor persona natural, sea o no empresario, y que cumpla con el estándar de **buena fe** en que la figura se asienta.

También podrán acceder a la exoneración del pasivo insatisfecho las personas físicas que tengan la condición de microempresa en los términos en que la define el TRLC (artículos 700 y 715 del TRLC).

La competencia judicial

A TENER EN CUENTA. Por la modificación realizada por la LO 1/2025, de 2 de enero, en la LOPJ (entre otras tantas normas) se constituyen los tribunales de instancia a través de la transformación de los actuales juzgados en las secciones de estos tribunales. Las competencias de los juzgados lo mercantil (secciones de lo mercantil de los tribunales de instancia, a partir del 31/12/2025; D.T. 1.ª de la LO 1/2025) pasan a detallarse en el artículo 87 de la LOPJ. Una vez constituidos e implantados de forma efectiva los tribunales de instancias, las referencias realizadas en las leyes y en el resto de disposiciones del ordenamiento jurídico, se entenderán hechas, en este caso, a la sección de lo mercantil del tribunal de instancia. (D.A. 1.ª de la LO 1/2025, de 2 de enero).

Igualmente, la reforma del TRLC introdujo la **competencia de los jueces de lo mercantil para declarar y tramitar el concurso incluso en el caso de personas naturales no empresarios** (artículo 44 del TRLC); y fue acompañada por una modificación de la LOPJ, realizada a través de la Ley Orgánica 7/2022, de 27 de julio, para mejorar el reparto competencial establecido para los juzgados de lo mercantil y las secciones especializadas de las audiencias provinciales y, correlativamente, el de los juzgados de primera instancia y el de las demás secciones de las audiencias provinciales.

La **jurisdicción del juez del concurso es exclusiva y excluyente para conocer de las siguientes materias**, de acuerdo con el artículo 52.1 del TRLC:

Las acciones civiles con trascendencia patrimonial que se dirijan contra el concursado, con excepción de las que se ejerciten en los procesos civiles sobre adopción de medidas judiciales de apoyo a personas con discapacidad, filiación, matrimonio y menores.

Las ejecuciones relativas a créditos concursales o contra la masa sobre los bienes y derechos del concursado integrados o que se integren en la masa activa, cualquiera que sea el tribunal o la autoridad administrativa que las hubiera ordenado, sin más excepciones que las previstas en la legislación concursal.

La determinación del carácter necesario de un bien o derecho para la continuidad de la actividad profesional o empresarial del deudor.

La declaración de la existencia de sucesión de empresa a efectos laborales y de seguridad social en los casos de transmisión de unidad o de unidades productivas, así como la determinación en esos casos de los elementos que las integran.

Las medidas cautelares que afecten o pudieran afectar a los bienes y derechos del concursado integrados o que se integren en la masa activa, cualquiera que sea el tribunal o la autoridad administrativa que las hubiera acordado, excepto las que se adopten en los procesos de adopción de medidas judiciales de apoyo a personas con discapacidad, filiación, matrimonio y menores.

Las demás materias establecidas en la legislación concursal.

Además, los apartados 2 y 3 del artículo 52 del TRLC también incluyen una serie de materias en las que la jurisdicción del juez del concurso también será exclusiva y excluyente, en aquellos supuestos en los que el deudor sea persona natural o jurídica:

«2. Cuando el **deudor sea persona natural,** la jurisdicción del juez del concurso será también exclusiva y excluyente en las siguientes materias:

1.ª Las que en el procedimiento concursal debe adoptar en relación con la asistencia jurídica gratuita.

2.ª La disolución y liquidación de la sociedad o comunidad conyugal del concursado.

3. Cuando el deudor sea persona jurídica, la jurisdicción del juez del concurso será también exclusiva y excluyente en las siguientes materias:

1.ª Las acciones de reclamación de deudas sociales que se ejerciten contra los socios de la sociedad concursada que sean subsidiariamente responsables del pago de esas deudas, cualquiera que sea la fecha en que se hubieran contraído, y las acciones para exigir a los socios de la sociedad concursada el desembolso de las aportaciones sociales diferidas o el cumplimiento de las prestaciones accesorias.

2.ª Las acciones de responsabilidad contra los administradores o liquidadores, de derecho o de hecho; contra la persona natural designada para el ejercicio permanente de las funciones propias del cargo de administrador persona jurídica y contra las personas, cualquiera que sea su denominación, que tengan atribuidas facultades de la más alta dirección de la sociedad cuando no exista delegación permanente de facultades del consejo de administración en uno o varios consejeros delegados o en una comisión ejecutiva, por los daños y perjuicios causados, antes o después de la declaración judicial de concurso, a la persona jurídica concursada.

3.ª Las acciones de responsabilidad contra los auditores por los daños y perjuicios causados, antes o después de la declaración judicial de concurso, a la persona jurídica concursada».

De igual forma, la jurisdicción del juez del concurso también será **exclusiva y excluyente para conocer de las acciones sociales que tengan por objeto la modificación sustancial de las condiciones de trabajo, el traslado, el despido, la suspensión de contratos y la reducción de jornada por causas económicas, técnicas, organizativas o de producción que, conforme a la legislación laboral y a lo establecido en el TRLC, tengan carácter colectivo,** así como de las que versen sobre la suspensión o extinción de contratos de alta dirección (artículo 53 del TRLC). Por su parte, el artículo 54 del TRLC determina que su jurisdicción exclusiva y excluyente también alcanza a cualquier **medida cautelar que afecte o pudiera afectar a los bienes y derechos del concursado integrados o que se integren en la masa activa,** cualquiera que sea el tribunal o la autoridad administrativa que la hubiera acordado, salvo las que se adopten en los procesos civiles sobre capacidad, filiación, matrimonio y menores, así como de cualquiera de las adoptadas por los árbitros en el procedimiento arbitral.

La jurisdicción del juez del concurso **se extiende a todas las cuestiones prejudiciales civiles, salvo las excluidas según lo ya apuntado, las administrativas y las sociales directamente relacionadas con el concurso o cuya resolución sea precisa para la adecuada tramitación** del procedimiento concursal; sin embargo, la decisión sobre las cuestiones anteriores no surtirá efecto fuera del concurso de acreedores en el que se produzca (artículo 55 del TRLC).

En el ámbito internacional, la jurisdicción del juez del concurso solo comprende el conocimiento de las acciones que tengan su fundamento jurídico en la legislación concursal y guarden una relación inmediata con el concurso.

CUESTIONES

1. ¿Qué juez será competente en caso de concursos conexos?

Según establece el artículo 46 del TRLC, será juez competente para la declaración conjunta de concurso el del lugar donde tenga el centro de sus intereses principales el deudor con mayor pasivo y, si se trata de un grupo de sociedades, el de la sociedad dominante o, en supuestos en que el concurso no se solicite respecto de esta, el de la sociedad de mayor pasivo. Si ya hubiera sido declarado el concurso de la sociedad dominante, será juez competente para la declaración del concurso de cualquiera de las sociedades del grupo el que esté conociendo del concurso de aquella.

Por otra parte, será competente para decidir sobre la acumulación de los concursos conexos, si estos hubiesen sido declarados por diferentes juzgados, y para su posterior tramitación conjunta, el juez que estuviera conociendo del concurso del deudor con mayor pasivo en el momento de la presentación de la solicitud de concurso o, en su caso, del concurso de la sociedad dominante o cuando esta no haya sido declarada en concurso, el que primero hubiera conocido del concurso de cualquiera de las sociedades del grupo.

2. ¿Cómo se procederá en caso de que se hubiesen presentado solicitudes de declaración de concurso ante distintos juzgados competentes?

Si se hubieran presentado solicitudes de declaración del concurso ante dos o más juzgados competentes, será preferente aquel ante el que se hubiera presentado la primera solicitud, aunque esa solicitud o la documentación que la acompañe tengan algún defecto procesal o material, o aunque la documentación sea insuficiente (artículo 48 del TRLC).

3. ¿Qué juez será competente para tramitar el concurso de un deudor que tenga su centro de intereses principal en el extranjero y un establecimiento en España? ¿Cuáles serán los efectos de tal concurso?

Esta situación se encuentra regulada en el artículo 49 del TRLC. Conforme a él, si el centro de intereses principal del deudor no estuviese en territorio español, pero tuviese en él un establecimiento, será competente para declarar y tramitar el concurso de acreedores el juez en cuyo territorio radique ese establecimiento; y, de existir varios, donde se encuentre cualquiera de ellos, a elección del solicitante. En tal sentido, por establecimiento se entenderá todo lugar de operaciones en el que el deudor ejerza de forma transitoria una actividad económica con medios humanos y materiales.

Los efectos de este concurso, que, en el ámbito internacional, se considerará concurso territorial, se limitarán a los bienes y derechos del deudor, afectos o no a la actividad de ese establecimiento, que estén situados en territorio español. En el caso de que sobre los bienes y derechos situados en el extranjero se abra un procedimiento de insolvencia, se tendrán en cuenta las reglas sobre reconocimiento de procedimientos extranjeros y coordinación de procedimientos paralelos previstas en el libro cuarto del TRLC.

4. ¿Qué juez tendrá la competencia para adoptar medidas cautelares patrimoniales en caso de que se admita a trámite querella o denuncia criminal contra el deudor o por hechos que tuvieran relación o influencia en el concurso?

Según el artículo 520 del TRLC, una vez admitida a trámite la querella o denuncia contra el deudor o por hechos relacionados o influyentes en el procedimiento concursal, «será competencia exclusiva del juez del concurso, adoptar, a solicitud del juez o tribunal del orden jurisdiccional penal, cualquier medida cautelar de carácter patrimonial que afecte a la masa activa, incluidas las de retención de pagos a los acreedores inculpados en procedimientos criminales u otras análogas».

Ahora bien, las medidas cautelares acordadas no deben impedir la continuación de la tramitación del concurso y se adoptarán de la forma más adecuada para asegurar la ejecución de los pronunciamientos de carácter patrimonial de la posible condena penal. Dichas medidas tampoco podrán alterar o modificar la clasificación de los créditos concursales (artículos 269 y ss. del TRLC) ni las preferencias de pagos establecidas en el TRLC (artículos 429 y ss. TRLC).

1.
EL PROCEDIMIENTO ESPECIAL PARA MICROEMPRESAS DEL LIBRO III DEL TRLC

El procedimiento de insolvencia único para microempresas

El nuevo libro tercero del TRLC, introducido por la Ley 16/2022, de 5 de septiembre, regula, en sus **artículos 685 a 720**, un procedimiento de insolvencia especial para las microempresas que constituyen un sector destacado de la económica española y con respecto a las cuales el legislador consideraba que los instrumentos anteriores no habían funcionado de manera satisfactoria.

Este procedimiento especial tiene un **carácter único**, según especifica el preámbulo de la Ley 16/2022, de 5 de septiembre, en un doble sentido, puesto que «pretende encauzar tanto las situaciones concursales (de insolvencia actual o inminente) como las preconcursales (probabilidad de insolvencia) y que se aplicará de manera obligatoria a todos los deudores que entren dentro del concepto legal de microempresa». Es decir:

- El procedimiento especial para microempresas resulta **de aplicación exclusiva a las personas naturales o jurídicas que lleven a cabo una actividad y tengan la condición de microempresa** en los términos que define la propia norma (artículo 685 del TRLC).

- Trata de **abarcar las situaciones concursales y preconcursales** que afecten a dichas microempresas, quienes, por tanto, no podrán acudir al concurso ni al preconcurso en los términos de los libros primero y segundo del TRLC (aunque las personas físicas microempresas sí podrán acudir al mecanismo de segunda oportunidad de acuerdo con los artículos 700 y 715 del TRLC).

Dicho procedimiento especial se configura en atención a las especiales necesidades de las microempresas y se caracteriza por la máxima simplificación procesal y reducción de costes posibles.

Podemos citar aquí el **auto del Juzgado de lo Mercantil n.º 3 de Barcelona, n.º 564/2023, de 2 de octubre, ECLI:ES:JMB:2023:3902A**, que se pronuncia sobre este procedimiento especial y su carácter único en los siguientes términos:

> «Al respecto, conviene recordar que si bien es cierto que la ley concursal aprobada en el año 2003, previó un mismo régimen normativo, tanto a nivel sustantivo como procesal, para las personas jurídicas y las naturales, desempeñaran o no una actividad empresarial o profesional, la Ley 16/2022, de 5 de septiembre, cambia de régimen.
>
> En concreto, mientras que el libro I y II será de aplicación a las personas naturales no empresarias, así como a las pymes y grandes compañías, sin embargo, los profesionales y autónomos y las microempresas se regirán por el procedimiento especial del Libro III, en vigor desde el 1 de enero de 2023.
>
> (...)
>
> Se trata de un procedimiento novedoso, mucho más ágil y flexible, con formularios en línea y gratuitos, en el que los actos de comunicación se realizarán con los acreedores y el juzgado se realizarán por medios telemáticos, mediante una plataforma dependiente del Ministerio de Justicia y en el que la intervención judicial será mínima.
>
> Por tanto, son tantas las especialidades que presenta este procedimiento especial de insolvencia que, si el microempresario o la microempresa (art. 685 TRLC) presenta una solicitud de concurso por el Libro I, la misma debe ser inadmitida a trámite por inadecuación del procedimiento sin posible subsanación. De hecho, la Exposición de Motivos de la Ley 16/2022, en su página 123700, señala expresamente que "las microempresas no tienen acceso al concurso ni a los acuerdos de restructuración"».

La **entrada en vigor de este libro tercero y, con él, del procedimiento especial para microempresas, se produjo el 1 de enero de 2023**, salvo en el caso del apartado 2 del artículo 689 del TRLC (relativo al nombramiento del administrador concursal), que entrará en vigor cuando se apruebe el reglamento a que se refiere la disposición transitoria segunda de la Ley 17/2014, de 30 de septiembre.

CUESTIONES

1. ¿Las microempresas podrán acudir al concurso o al preconcurso de los libros primero y segundo del TRLC?

No, puesto que el procedimiento especial que regula el libro tercero del TRLC es único y las microempresas solo podrán acceder a él.

Ahora bien, las personas físicas que tengan la condición de microempresa en los términos que define el libro tercero del TRLC, además de acceder a este procedimiento especial también podrán solicitar, en su caso, la exoneración del pasivo insatisfecho conforme al libro primero del TRLC (artículos 700 y 715 del TRLC).

2. ¿Qué sucederá con las microempresas entre el 26 de septiembre de 2022 (fecha de entrada en vigor general de la Ley 16/2022, de 5 de septiembre) y el 1 de enero de 2023 (fecha de entrada en vigor del nuevo libro tercero del TRLC, que regula su procedimiento especial)?

La Ley 16/2022, de 5 de septiembre, establece un régimen transitorio específico para las microempresas, de modo que hasta la entrada en vigor del nuevo libro tercero del TRLC, los concursos y preconcursos de las microempresas se regirán por los libros primero y segundo de la norma con las especialidades que establecen las disposiciones transitorias segunda y tercera.

Por otra parte, mientras no entre en vigor el nuevo art. 689.2 del TRLC con la publicación del oportuno reglamento, el nombramiento del administrador concursal en el procedimiento especial para microempresas se llevará a cabo conforme al artículo 27 de la Ley Concursal en su redacción anterior a la entrada en vigor de la Ley 17/2014, de 30 de septiembre (disposición transitoria tercera de la Ley 16/2022, de 5 de septiembre).

¿Cómo se puede tramitar el procedimiento especial para microempresas?

El procedimiento especial para microempresas se basa en dos elementos: la **negociación** y el **modo en que esta termine**. Así las cosas, en primer lugar, se contempla un período de negociación de tres meses no prorrogables, durante los cuales se suspenden las ejecuciones singulares y se puede preparar un plan de continuación o la enajenación de la empresa en funcionamiento. Finalizado dicho plazo, se inicia un procedimiento formal, pero con una configuración flexible y una reducción al máximo de los costes.

Por otra parte, se establecen **dos posibles itinerarios** o formas de tramitar este procedimiento especial, según establece el artículo 685.5 del TRLC:

Un **procedimiento de continuación**, concebido como un procedimiento abreviado en el que el deudor y sus acreedores pueden alcanzar una solución acordada a la insolvencia, con independencia de la situación patrimonial del deudor. Su regulación se contiene en los artículos 697 a 704 del TRLC.

Un **procedimiento de liquidación con o sin transmisión de la empresa en funcionamiento**, como instrumento sencillo, rápido y flexible para que las microempresas puedan poner fin a su proyecto empresarial de manera ordenada cuando no haya resultado exitoso. Se regula en los artículos 705 y siguientes del TRLC.

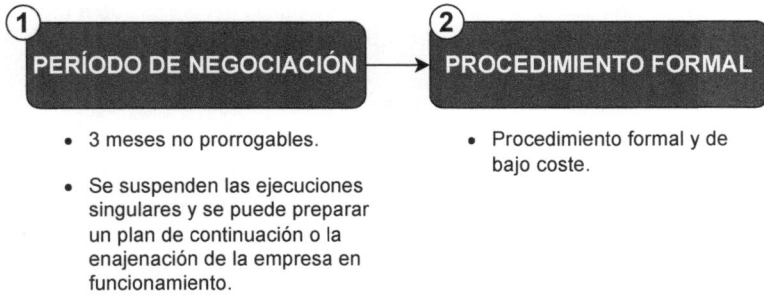

① **PERÍODO DE NEGOCIACIÓN** → ② **PROCEDIMIENTO FORMAL**

- 3 meses no prorrogables.
- Se suspenden las ejecuciones singulares y se puede preparar un plan de continuación o la enajenación de la empresa en funcionamiento.

- Procedimiento formal y de bajo coste.

CUESTIÓN

¿En cuál de los dos itinerarios posibles del procedimiento especial podrán acceder las personas físicas microempresas a la segunda oportunidad?

Las personas físicas que tengan la consideración de microempresas en los términos que especifica el artículo 685 del TRLC podrán acceder, en su caso, al procedimiento de exoneración del pasivo insatisfecho o segunda oportunidad a partir de cualquiera de los dos itinerarios.

El presupuesto subjetivo de aplicación del procedimiento especial: las microempresas

Desde un punto de vista subjetivo, el procedimiento especial regulado en el libro tercero del TRLC será aplicable a los deudores que sean **personas naturales o jurídicas que lleven a cabo una actividad** empresarial o profesional y que reúnan las siguientes condiciones, según especifica el artículo 685.1 del TRLC:

Haber empleado durante el año anterior a la solicitud una **media de menos de 10 trabajadores**, requisito que se entenderá cumplido cuando el número de horas de trabajo realizadas por el conjunto de la plantilla sea igual o inferior al que habría correspondido a menos de diez trabajadores a tiempo completo.

Tener un **volumen de negocio anual inferior a 700.000 euros o un pasivo inferior a 350.000 euros** según las últimas cuentas cerradas en el ejercicio anterior a la presentación de la solicitud.

> **A TENER EN CUENTA.** Cuando la entidad formase parte de un grupo, los criterios indicados se computarán en base consolidada.

CUESTIONES

1. ¿Qué bienes y derechos del deudor se verán afectados por el procedimiento especial para microempresas?

El procedimiento especial afectará a todos los bienes y derechos que integren el patrimonio del deudor en el momento de apertura del procedimiento especial y los que se reintegren en él o que adquiera durante el procedimiento, salvo los bienes y derechos que sean legalmente inembargables (artículo 685.3 del TRLC).

2. ¿Qué sucederá si el deudor, que reúne las condiciones para ser considerado como microempresa, está casado?

Si estuviese casado, se aplicarían las previsiones generales sobre régimen económico matrimonial del capítulo I del título IV del libro primero del TRLC (artículo 685.3 del TRLC).

3. ¿El procedimiento afectará a todos sus acreedores?

Sí, el procedimiento especial afectará a todos los acreedores del deudor, independientemente del origen o naturaleza de la deuda (artículo 685.4 del TRLC).

4. ¿Puede acudir a este procedimiento especial un deudor que no se encuentre en activo en el momento de la solicitud?

Uno de los requisitos del art. 685 es que el deudor lleve a cabo una actividad empresarial o profesional, y en este sentido se ha pronunciado el **Juzgado de Primera Instancia n.º 6 de Lleida en su auto n.º 449/2023, de 13 de julio, ECLI:ES:JPI:2023:338A**, en que podemos leer que: «(...) este procedimiento solo sea aplicable a sociedad o personas físicas empresarias, que tengan una actividad empresarial en activo en el momento de la solicitud».

Por el contrario, el **auto del Juzgado de lo Mercantil de Santander n.º 22/2023, de 11 de julio, ECLI:ES:JMS:2023:1903A**, señala:

«Nos inclinamos por considerar irrelevante para la aplicabilidad del libro III la continuidad en el desarrollo de la actividad. El procedimiento especial se configura como

único para todas las entidades que cumplan las características del artículo 685 TRLC. Dejar fuera a aquellas entidades que hubieran cesado en el ejercicio de la actividad empresarial o profesional implicaría que la simple decisión del cese (que podría tomarse el día antes de la solicitud) eludiría la aplicación del procedimiento especial, que quedaría reducido a aquellos empresarios que continuasen con su actividad en marcha (que en la práctica son la minoría).

Consideramos que el sentido de la norma del artículo 685 TRLC es delimitar al sujeto empresario (de un cierto —micro— volumen) frente al consumidor de cara a determinar el procedimiento a seguir para la gestión de su insolvencia. Pero no limitar el acceso al libro III a aquellos empresarios que al momento de la solicitud continúen en el ejercicio de la actividad. Esto configuraría un nuevo requisito que no resulta de la exposición de motivos de la ley, ni de modo expreso de ninguno de sus preceptos, e incluso sería contradictorio con alguno, como el artículo 713 TRLC cuando prevé la solicitud de nombramiento de administrador concursal" en caso de paralización de la actividad empresarial o profesional". Es decir, el libro III también prevé los supuestos de ausencia de actividad y no debería excluir los supuestos de liquidación sin trasmisión de empresa en funcionamiento para limitarse a los de continuación o de liquidación con posibilidad de transmisión de unidad productiva. Esto implicaría excluir los supuestos más habituales (mera liquidación sin actividad actual), y reservar el PEM para los casos de plan de continuación (que entendemos que de forma acertada la PDAI no contempla) y los de liquidación con transmisión de empresa en funcionamiento».

El presupuesto objetivo de aplicación: ¿qué estado de insolvencia es necesario?

Para que las microempresas puedan acudir al procedimiento especial será necesaria asimismo la concurrencia de un presupuesto objetivo: que **se encuentren en probabilidad de insolvencia o bien en estado de insolvencia inminente o actual** (artículo 686 del TRLC).

Ahora bien, el deudor tendrá el **deber legal de solicitar la apertura del procedimiento especial** dentro de los dos meses siguientes a la fecha en que conozca o haya debido de conocer el estado de insolvencia actual. En este sentido, se presumirá, salvo prueba en contrario, que el deudor ha conocido su estado de insolvencia actual cuando hubiera ocurrido alguno de los hechos que pueden servir de fundamento a una solicitud de cualquier otro legitimado.

Además, para que se pueda acudir al **procedimiento especial de liquidación sin transmisión de la empresa en funcionamiento** serán necesarios ciertos estados de insolvencia, que varían en función de quién solicite su apertura:

– Insolvencia actual o inminente, si lo solicita el deudor.

– Insolvencia actual, si lo solicitan legitimados distintos del deudor.

Finalmente, y como particularidad, en el **caso de que al menos el 85 % de los créditos correspondiesen a acreedores públicos**, el procedimiento especial **solo podrá tramitarse como procedimiento de liquidación**.

CUESTIÓN

El 92 % de los créditos frente a una persona física microempresa, que se encuentra en situación de insolvencia actual, son acreedores públicos, ¿puede tramitarse con respecto a ella un procedimiento especial de continuación?

No. El porcentaje de créditos correspondientes a acreedores públicos excede del 85 %, por lo que, de conformidad con el artículo 686.4 del TRLC, en este caso el procedimiento especial para microempresas solo podrá tramitarse como procedimiento de liquidación.

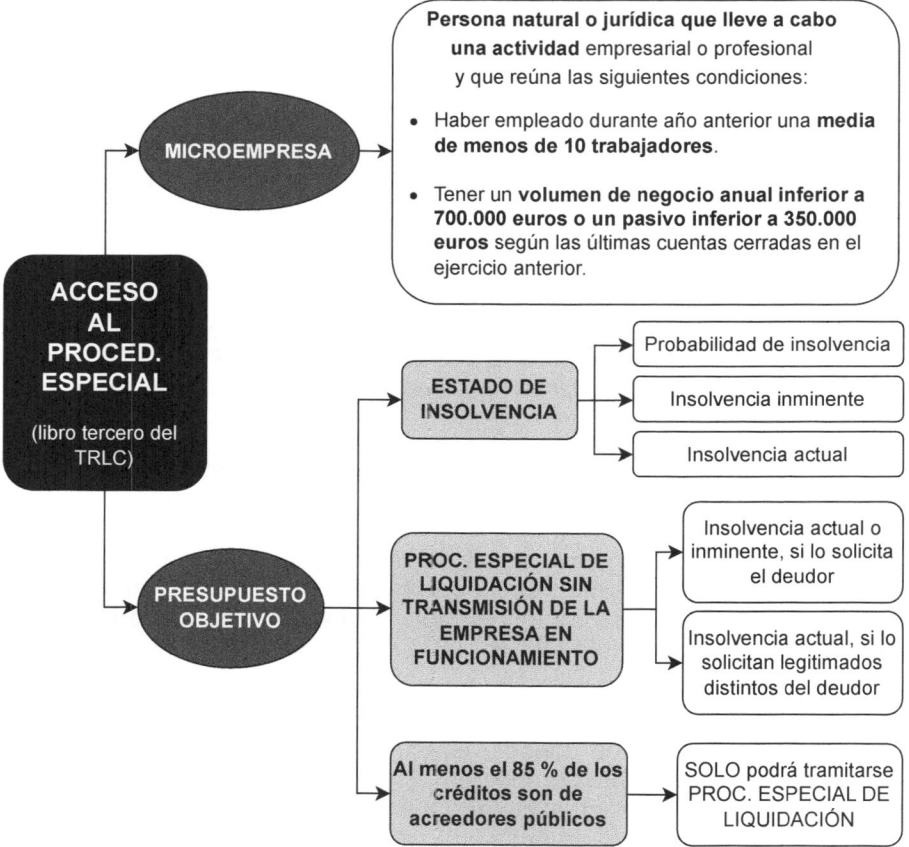

¿Cuáles son las principales reglas procesales y características del procedimiento especial para microempresas?

El procedimiento de insolvencia único para microempresas se caracteriza por una **simplificación procesal máxima**, por medio de la cual se busca dotarlo de una mayor agilidad y reducir los costes inherentes a él.

Como muestra de ello, los **artículos 687 a 689 del TRLC** contienen una serie de características básicas y reglas de tramitación generales, que serán comunes tanto si el procedimiento especial sigue el itinerario de un procedimiento de continuación como si sigue el de uno de liquidación.

Las abordaremos de manera concisa, distinguiendo tres categorías:

- Reglas procesales básicas.
- Consecuencias de la presentación de información o documentación gravemente inexacta o falsa.
- Régimen supletorio.

a) Reglas procesales básicas

La **participación del deudor** en el procedimiento especial requiere de **abogado y procurador.** Por lo demás, y en cuanto a la forma de celebración y a la notificación de los actos procesales, conviene destacar que las comparecencias, declaraciones, vistas y, en general, todos los actos procesales se realizarán mediante **presencia telemática.** A su vez, los actos de comunicación se practicarán también por medios electrónicos, a través de la cumplimentación de los **formularios normalizados** que en su caso exija la ley.

Salvo que se establezca expresamente lo contrario, y por regla general, el juez podrá dictar resolución al finalizar la vista de manera oral.

En materia de **recursos,** los apartados 4 y 5 del artículo 687 del TRLC señalan lo siguiente:

- Contra los autos y sentencias no cabrá recurso alguno, salvo que se establezca lo contrario en el libro tercero del TRLC.
- Contra los decretos del letrado de la Administración de Justicia (LAJ) podrá interponerse recurso directo de revisión.
- Cuando se permita recurso, el plazo comenzará a contar desde que se notifique a la parte la resolución dictada mediante el traslado de copia de la grabación original o el acceso electrónico a la misma, junto con el testimonio del texto redactado.
- El recurso no tendrá efectos suspensivos, sin perjuicio de que el juez pueda acordar la suspensión de actuaciones que puedan ser afectadas por su resolución conforme a la legislación procesal civil.

Por último, cabe destacar que se potencia la proactividad de las partes. La adopción de medidas concretas o el acceso a cierta información debe ser solicitado por los interesados, evitándose los costes innecesarios. Además, se crea un sistema dinámico de acceso a la información por parte de los acreedores.

b) Consecuencias de la presentación de información o documentación gravemente inexacta o falsa

De acuerdo con el artículo 688 del TRLC, cuando el deudor incurra en inexactitud grave en alguno de los formularios normalizados remitidos o en los documentos que los acompañen durante la tramitación, el **procedimiento se calificará como culpable** en todo caso. También cuando acompañe o presente documentos falsos.

Si se apreciase la posible existencia de un hecho con **apariencia de delito no perseguible únicamente a instancia del agraviado**, se acordará la puesta a disposición del Ministerio Fiscal del expediente judicial electrónico, por si hubiese lugar al ejercicio de la acción penal.

> **A TENER EN CUENTA.** Se considerará que se incurre en inexactitud grave cuando el importe total de un ejercicio, del pasivo o del activo o el de los ingresos o los gastos fuese realmente superior o inferior al 20 % del consignado en el formulario, siempre que suponga un importe de al menos 10.000 euros.

> **RESOLUCIÓN RELEVANTE**
>
> **Auto del Juzgado de lo Mercantil n.º 2 de Santander n.º 22/2023, de 11 de julio, ECLI:ES:JMS:2023:1903A**
>
> **Asunto: Intervención e información de los acreedores.**
>
> *«El procedimiento del libro tercero se asienta en una mayor intervención de las partes, también de los acreedores, a quienes se les ha de facilitar más información, y de un modo más directo que en el concurso del libro primero. Estos acreedores no basarán su actitud sobre las solas afirmaciones y documentación aportada por el deudor, tras una publicación en el tablón edictal judicial único del BOE y en el RPC (medios claramente ineficientes para la información a los acreedores), sino en una comunicación electrónica individual a cada acreedor de la apertura del procedimiento que el deudor deberá realizar (artículo 692 bis TRLC), facilitando el acceso a toda la documentación presentada en el juzgado (además de la publicación de la apertura del procedimiento en el RPC).*
>
> *Esta especial garantía de posibilidad de conocimiento cabal e intervención de los acreedores propia del procedimiento de microempresas se refuerza con el capital valor que se otorga a la obligación de veracidad en la información aportada, calificada de «pilar del procedimiento» en la Exposición de motivos, y que se erige en una causa específica de calificación culpable en el libro tercero (artículos 698 y 718.2 TRLC). Se hace así posible un mayor control del fraude, a través de la intervención de los acreedores debidamente informados, que quedaría cercenado de acudir al artículo 37 bis TRLC».*

c) Régimen supletorio

Supletoriamente, se aplicará al procedimiento especial para microempresas lo **establecido en los libros primero y segundo del TRLC (concursal y preconcursal), con las adaptaciones necesarias** en atención a los principios que lo presiden y las reglas que contiene el libro tercero del TRLC.

Ahora bien, a efectos del **nombramiento del administrador concursal**, estos procedimientos especiales se integrarán en la clase de concursos que les corresponda de acuerdo con el libro primero del TRLC, realizándose el nombramiento, en defecto de acuerdo entre los acreedores o el deudor, según lo previsto para dicha clase. La retribución del administrador concursal también se regirá por lo dispuesto en el libro primero (artículo 689.2 del TRLC).

> **A TENER EN CUENTA.** La entrada en vigor del artículo 689.2 del TRLC está condicionada a la aprobación del reglamento previsto en la D.T. 2.ª de la Ley 17/2014, de 30 de septiembre, mientras tanto habrá de estarse a lo previsto en la D.T. 3.ª de la Ley 16/2022, de 5 de septiembre, conforme a la cual «En tanto

no entre en vigor el nuevo apartado 2 del artículo 689 del texto refundido, el nombramiento del administrador concursal en el procedimiento especial para microempresas se llevará a cabo de acuerdo con lo dispuesto en el artículo 27 de la Ley Concursal en su redacción anterior a la entrada en vigor de la Ley 17/2014, de 30 de septiembre, por la que se adoptan medidas urgentes en materia de refinanciación y reestructuración de deuda empresarial».

CUESTIONES

1. ¿Cómo serán las sentencias orales que el juez dicte en el procedimiento especial para microempresas?

Al pronunciarlas oralmente, el juez expresará las pretensiones de las partes, las pruebas propuestas y practicadas y, en su caso, los hechos probados a resultas de ellas, haciendo constar las razones y fundamentos legales del fallo que se dicte, con expresión cierta de las normas jurídicas aplicables al caso. Además, según prevé el párrafo tercero del artículo 687.3 del TRLC, «(...) El fallo se ajustará a las previsiones de la regla 4.ª del artículo 209 de la Ley 1/2000, de 7 de enero, de Enjuiciamiento Civil».

A TENER EN CUENTA. El artículo 209 de la LEC ha sido modificado por la LO 1/2025, de 2 de enero, en vigor a partir del 3 de abril de 2025.

2. ¿Cómo se documentarán las resoluciones dictadas en el marco del procedimiento especial?

El artículo 687.3 del TRLC establece lo siguiente a este respecto:

– Las resoluciones distintas de sentencia se documentarán con expresión del fallo y motivación sucinta.

– Las sentencias se documentarán en un soporte audiovisual apto para la grabación y reproducción de la imagen y del sonido, sin perjuicio de que después el juez redacte el encabezamiento, la mera referencia a la motivación pronunciada oralmente dándose por reproducida y el fallo íntegro. Cuando la sentencia pueda ser recurrida, se dará traslado a las partes personadas de copia de la grabación original, en la notificación de la resolución, junto con el testimonio del texto redactado sucintamente, o bien se les dará acceso electrónico a la grabación original.

2.
LA NEGOCIACIÓN Y APERTURA DEL PROCEDIMIENTO ESPECIAL PARA MICROEMPRESAS

2.1. La comunicación de apertura de negociaciones para microempresas

La comunicación de inicio de negociaciones y la apertura del procedimiento especial

El capítulo II del título I del libro tercero del TRLC regula, en sus **artículos 690 a 693**, la comunicación por el deudor del inicio de negociaciones y la apertura del procedimiento especial.

Cualquier microempresa podrá **comunicar al juzgado competente la apertura de negociaciones con los acreedores** para alcanzar un plan de continuación o una liquidación con transmisión de empresa en funcionamiento, siempre que esté en probabilidad de insolvencia, insolvencia inminente o insolvencia actual.

> **A TENER EN CUENTA.** Por la reforma realizada por la LO 1/2025, de 2 de enero, una vez implantados de forma efectiva los tribunales de instancia (D.T. 1.ª), todas las referencias realizadas a los juzgados unipersonales se entenderán realizadas a las secciones del orden jurisdiccional correspondiente de los tribunales de instancia.

Durante el plazo de negociaciones y hasta que transcurran 3 meses desde la fecha de la comunicación, no se admitirán a trámite las solicitudes de procedimiento especial que presenten otros legitimados y, una vez transcurridos los tres meses del mismo, el deudor que esté en situación de insolvencia actual deberá solicitar la apertura del procedimiento especial dentro de los cinco días hábiles.

Por su parte, tendrán la potestad de **solicitar la apertura del procedimiento especial** el deudor, los acreedores y los socios personalmente responsables de las deudas del deudor, debiendo elegir entre el inicio de un procedimiento de continuación o de uno de liquidación; si bien en ciertos términos será posible la modificación del tipo de procedimiento o itinerario a seguir.

Veamos a continuación estos primeros pasos un poco más en detalle.

> **A TENER EN CUENTA.** Por la publicación en el BOE del 06/11/2024 del Real Decreto-ley 6/2024, de 5 de noviembre, por el que se adoptan medidas urgentes de respuesta ante los daños causados por la Depresión Aislada en Niveles Altos (DANA) en diferentes municipios entre el 28 de octubre y el 4 de noviembre de 2024 (con entrada en vigor el 07/11/2024), a través de una disposición adicional undécima se establece **la dispensa temporal de la obligación de solicitar la declaración de concurso de acreedores a aquellas personas físicas o jurídicas que se encuentren en estado de insolvencia, mientras estén en suspenso los plazos procesales del 30/10/2024 al 10/11/2024; salvo prórrogas posteriores.**

Una **prórroga posterior** ha tenido lugar con la publicación de un nuevo Real Decreto-ley 8/2024, de 28 de noviembre, por el que se adoptan medidas urgentes complementarias en el marco del Plan de respuesta inmediata, reconstrucción y relanzamiento frente a los daños causados por la Depresión Aislada en Niveles Altos (DANA) en diferentes municipios entre el 28 de octubre y el 4 de noviembre de 2024, a través del cual se establece en su artículo 34:

> «**Hasta el 31 de diciembre de 2025**, el deudor que se encuentre en estado de insolvencia actual, y cuyo domicilio se encuentre en alguno de los municipios del anexo del Real Decreto-ley 6/2024, de 5 de noviembre, no tendrá el deber de solicitar la declaración de concurso o la apertura de procedimiento especial para microempresas. Hasta el 1 de marzo de 2026, los jueces no admitirán a trámite las solicitudes de concurso necesario que se hubieran presentado durante ese estado de insolvencia o que se presenten hasta dicha fecha. Si se hubiera presentado solicitud de concurso voluntario, éste se admitirá a trámite, con preferencia, aunque fuera de fecha posterior.
>
> Tampoco tendrá el deber de solicitar la declaración de concurso, **hasta el 31 de diciembre de 2025**, el deudor cuyo domicilio se encuentre en alguno de los municipios del anexo del Real Decreto-ley 6/2024, de 5 de noviembre, que hubiera presentado al juzgado de lo mercantil competente para la declaración de concurso la comunicación de la apertura de negociaciones con los acreedores para alcanzar un plan de restructuración o de continuación o solicitado la homologación de un plan de reestructuración, aunque hubiera vencido el plazo a que se refiere el artículo 611 del texto refundido de la Ley Concursal, aprobado por Real Decreto Legislativo 1/2020, de 5 de mayo».

¿Quién podrá comunicar la apertura de negociaciones para microempresas y cómo tendrá que hacerlo?

Cualquier **microempresa** podrá comunicar al **juzgado que sea competente para la declaración de concurso** la apertura de negociaciones con los acreedores con la **finalidad de acordar un plan de continuación o una liquidación con transmisión de la empresa en funcionamiento** en el marco de un procedimiento especial, siempre que se encuentre en alguna de las siguientes situaciones (artículo 690 del TRLC):

- **Probabilidad de insolvencia.**

- **Insolvencia inminente.**

- **Insolvencia actual.**

Esta comunicación se realizará por medios electrónicos a través de formulario normalizado.

CUESTIÓN

La comunicación de apertura de negociaciones para microempresas debe hacerse al juzgado competente para la declaración de concurso. ¿Cuál será ese juzgado?

Según el artículo 44 del TRLC, desde un punto de vista objetivo, son competentes para declarar y tramitar el concurso de acreedores los juzgados de lo mercantil.

Territorialmente, por regla general y de acuerdo con el artículo 45.1 del TRLC, la competencia para declarar y tramitar el concurso corresponderá al juez en cuyo territorio tenga el deudor el centro de sus intereses principales, esto es, donde ejerza de forma habitual y reconocible por terceros la administración de tales intereses. En caso de persona jurídica, se presume que el centro de sus intereses principales radica en el lugar donde esté su domicilio social (no siendo eficaz, a estos efectos, el cambio inscrito en el registro mercantil dentro de los 6 meses anteriores).

A TENER EN CUENTA. Por la reforma realizada por la LO 1/2025, de 2 de enero, una vez implantados de forma efectiva los tribunales de instancia (D.T. 1.ª), todas las referencias realizadas a los juzgados unipersonales se entenderán realizadas a las secciones del orden jurisdiccional correspondiente de los tribunales de instancia.

Resultará de **aplicación el régimen jurídico establecido en el libro segundo del TRLC, título II, capítulos I y II**, pero con las **especialidades** que enumera el artículo 690.3 del TRLC:

- Las referencias al concurso de acreedores se entenderán hechas al procedimiento especial del libro tercero del TRLC.

- No será preceptivo el nombramiento de experto en el período de negociaciones abierto a solicitud del deudor.

- Los efectos de la comunicación de apertura de negociaciones no podrán prorrogarse.

Por otra parte, y en cuanto a los efectos de la comunicación, la **suspensión de ejecuciones no podrá afectar nunca a los acreedores públicos**. Si la ejecución **recayera sobre bienes o derechos necesarios para la continuidad de la actividad** del deudor, una vez iniciado el procedimiento de ejecución, se podrá suspender exclusivamente en la fase de realización o enajenación por el juez que esté conociendo del mismo. Cuando la ejecución sea extrajudicial, la suspensión la podrá ordenar el juez ante el que se haya presentado la comunicación, también exclusivamente en la fase de realización o enajenación. En ambos casos, la suspensión que se acuerde decaerá y perderá toda su eficacia pasados tres meses desde el día de la comunicación, quedando sin efectos la suspensión.

Por otra parte, **durante el período de negociaciones y hasta que transcurran tres meses de la fecha de la comunicación no se admitirán a trámite las solicitudes de procedimiento especial presentadas por otros legitimados** distintos del deudor y, a su vez, las presentadas antes no admitidas a trámite quedarán en suspenso.

A TENER EN CUENTA. Las solicitudes suspendidas y las que se presenten transcurridos los tres meses del período de negociaciones se proveerán dentro de los cinco días hábiles siguientes a la expiración del plazo sin que el deudor hubiera solicitado la apertura del procedimiento especial.

Eso sí, **pasados los tres meses del período de negociaciones, el deudor que esté en situación de insolvencia actual deberá solicitar la apertura del procedimiento especial** dentro de los cinco días hábiles siguientes (artículo 690.7 del TRLC).

Finalmente, también conviene tener en cuenta que el **deber legal de acordar la disolución por pérdidas que dejen reducido el patrimonio neto a una cantidad inferior a la mitad del capital social quedará en suspenso** mientras estén en vigor los efectos de la comunicación (artículo 690.8 del TRLC).

CUESTIONES

1. ¿Uno de los acreedores de una microempresa puede solicitar la apertura del procedimiento especial cuando solamente han pasado dos meses del período de negociaciones contados desde la fecha de la comunicación de apertura de las mismas?

No, la solicitud de apertura del procedimiento especial que ese acreedor presente no se admitirá a trámite, por haberse efectuado durante el período de negociaciones y antes de transcurridos tres meses de la fecha de la comunicación de apertura de negociaciones (artículo 690.5 del TRLC).

2. Antes de que termine el período de tres meses a contar desde la comunicación de apertura de negociaciones con los acreedores para microempresas, ¿podría solicitarse y obtenerse una prórroga de los efectos de la comunicación?

No, esa prórroga no sería posible.

A pesar de que con respecto a la comunicación de apertura de negociaciones para microempresas se aplica con carácter general el régimen establecido en los artículos 585 a 610 del TRLC, del libro segundo que regula el derecho preconcursal, una de las especialidades que se establecen en el marco del procedimiento especial para microempresas es, precisamente, la de que los efectos de la comunicación de apertura de negociaciones no puedan prorrogarse (artículo 690.3.3.ª del TRLC).

2.2. La solicitud de apertura del procedimiento especial y su tramitación

Legitimación para solicitar la apertura del procedimiento especial

La apertura del procedimiento especial para microempresas podrá ser solicitada por:

– El **deudor** que se encuentre en probabilidad de insolvencia, insolvencia inminente o insolvencia actual.

– Los **acreedores** o los **socios personalmente responsables de las deudas del deudor** que esté en situación de insolvencia actual.

Ahora bien, en el caso del primero de ellos, la solicitud de apertura del procedimiento especial no siempre es voluntaria y el **deudor estará obligado a solicitarla**:

– Transcurridos los tres meses del período de negociaciones, si se encuentra en situación de insolvencia actual (artículo 690.7 del TRLC). Deberá hacerlo dentro de los cinco días hábiles siguientes.

– También deberá solicitar la apertura del procedimiento especial en el plazo de un mes, una vez transcurridos los tres meses de incumplimiento en el pago a que se refiere el artículo 2.4.5.º del TRLC (artículo 691.5 del TRLC). De no hacerlo en plazo, las quitas y esperas que resulten de la aprobación del plan de continuación no afectarán a los créditos tributarios y de seguridad social.

> **A TENER EN CUENTA.** La solicitud se efectuará por medio de formulario normalizado.

Solicitud de apertura del procedimiento especial por parte del deudor

El deudor deberá comparecer **asistido por abogado** y podrá solicitar la apertura del procedimiento especial, en los términos y supuestos antes indicados, mediante la **presentación del formulario normalizado**. Dicho formulario se presentará y tramitará **electrónicamente,** bien a través de la sede judicial electrónica o bien en las notarías u oficinas del registro o cámaras de comercio que hayan asumido tales funciones (artículo 691.2 del TRLC).

Para su válida tramitación, el formulario que se presente tendrá que **estar totalmente cumplimentado e incluir**, en todo caso, los siguientes extremos:

- La identificación del deudor, incluida la localización de su domicilio, de su centro principal de intereses y de cualquier otro establecimiento.

- Una breve memoria explicativa que justifique la solicitud, incluyéndose una descripción de la situación económica, de la situación de los trabajadores, así como de las causas y el alcance de las dificultades financieras, indicando el tipo de insolvencia en que el deudor alega encontrarse.

- Si el deudor fuera persona casada, expresará la identidad del cónyuge, con indicación del régimen económico del matrimonio.

- La **elección del procedimiento de continuación o de liquidación** (y, en este último caso, si se prevé la transmisión de la empresa en funcionamiento).

- La **elección de alguno de los módulos** regulados en el capítulo IV del título II o en el capítulo II del título III del libro tercero del TRLC (se trataría de una serie de medidas y efectos no obligatorios cuya aplicación podrá solicitarse por las partes con ciertos requisitos y que serán diversas en función del tipo de procedimiento especial de que se trate).

- El activo, con valoración de cada partida, y el pasivo, con identificación individualizada de cada acreedor, de la cuantía de cada crédito, de su naturaleza concursal y de si está o no vencido, incluyéndose de manera separada los créditos litigiosos.

- La enumeración y detalles de los contratos pendientes de ejecución.

- La enumeración de posibles contingencias susceptibles de afectar al valor de la empresa.

- Si el deudor fuera empleador, el número de trabajadores con expresión de su centro de trabajo, y la identidad de los integrantes del órgano de representación de los mismos si los hubiera, con expresión de la dirección electrónica de cada uno.

CUESTIONES

1. ¿Qué podrá hacer el deudor que no disponga de los medios tecnológicos de acceso a la sede judicial para presentar la solicitud de apertura del procedimiento especial?

Si el deudor no dispusiera de los medios tecnológicos necesarios para acceder a la sede judicial electrónica, las notarías, las oficinas del registro mercantil o las cámaras de comercio que hayan asumido tal función podrán prestarle el servicio preciso a los efectos de facilitar la presentación electrónica del formulario y dicho servicio tendrá carácter gratuito (artículo 691.2 del TRLC).

2. ¿Quién realizará la solicitud si el deudor es persona jurídica?

Cuando el deudor sea persona jurídica, su órgano de administración será el competente para solicitar la apertura del procedimiento especial (artículo 691.4 del TRLC).

3. ¿Qué medidas y efectos no obligatorios podrán solicitarse en el procedimiento especial?

Las medidas y efectos no obligatorios que podrán solicitarse, en determinados términos y con sujeción a requisitos específicos, serán distintas en función del tipo de procedimiento especial para microempresas de que se trate.

Así, en el caso del **procedimiento especial de continuación**, dichas medidas se contemplan en el capítulo IV del título II del libro tercero del TRLC (artículos 701 a 704):

– Solicitud de suspensión de las ejecuciones.

– Solicitud de un procedimiento de mediación.

– Solicitud de limitación de las facultades de administración y disposición del deudor.

– Solicitud de nombramiento de un experto en la reestructuración.

Por otra parte, las medidas que se pueden solicitar en el **procedimiento especial de liquidación** se regulan en el capítulo II del título III del libro tercero del TRLC (artículos 712 a 714) y serían las siguientes:

– Solicitud de suspensión de las ejecuciones.

– Solicitud de nombramiento de un administrador concursal.

– Solicitud de nombramiento de un experto para la valoración de la empresa o de establecimientos mercantiles.

A TENER EN CUENTA. El artículo 713 del TRLC relativo a la solicitud de nombramiento de un administrador concursal ha sido modificado, con efectos a partir del 3 de abril de 2025, por la LO 1/2025, de 2 de enero.

Solicitud de apertura del procedimiento especial por parte de otros legitimados

Los **acreedores** o **socios personalmente responsables de las deudas del deudor** que esté en estado de **insolvencia actual** podrán solicitar la apertura del procedimiento especial presentando el **formulario normalizado en los términos indicados** para el deudor (artículo 691 ter del TRLC).

Para su válida tramitación, dicho formulario normalizado tendrá que estar también **íntegramente cumplimentado** e **incluir**, en todo caso, lo siguiente:

– La identificación completa del solicitante y del deudor cuyo procedimiento especial se solicita, debiendo incluirse preceptivamente una dirección de correo electrónico a efectos de la práctica de comunicaciones durante la tramitación del procedimiento.

– Una breve memoria explicativa que justifique la solicitud, que incluya, en su caso, una descripción del crédito que ostente frente al deudor, y una justificación explicativa de la situación de insolvencia actual con alegación del hecho o hechos externos reveladores de acuerdo con el libro primero del TRLC.

– La **elección de un procedimiento de continuación o de liquidación**.

– La elección de alguno de los módulos regulados en el capítulo IV del título II o en el capítulo II del título III del libro tercero del TRLC.

El solicitante deberá entregar por medios electrónicos los documentos justificativos necesarios y tendrá que estar en disposición de entregar las copias autenticadas u originales de los documentos, en caso de ser requerido al efecto, en los cinco días hábiles siguientes al requerimiento.

La comunicación de solicitud de apertura de procedimiento de continuación a la AEAT y TGSS acreedoras

De acuerdo con el **artículo 691 bis del TRLC**, el deudor comunicará a la TGSS y a la AEAT la presentación de solicitud de apertura de procedimiento especial de continuación sobre el que conste su condición de acreedora.

Lo hará en el **plazo de 72 horas**, a través del **medio habilitado al efecto** por dichas administraciones y acompañará, en todo caso, un documento de reconocimiento de deuda actualizado a la fecha. En caso de no cumplirse con esta obligación, se excluirán los créditos de seguridad social y de la AEAT de las quitas y esperas que resulten de la aprobación del plan de continuación.

¿Cómo se tramitará la solicitud de apertura?

El **juez competente** en el procedimiento especial será el mismo que **correspondería en caso de concurso de acreedores** y también tendrá competencia para conocer de cualquier incidente que se suscite en el marco del mismo (artículo 691 quater del TRLC).

La solicitud se repartirá y remitirá a la oficina judicial en el mismo día de la presentación o el siguiente hábil. Ese mismo día del reparto o el siguiente hábil, el LAJ la examinará y comprobará si se cumplen todos los requisitos legales:

– Si es completa, la tendrá por efectuada desde la fecha de presentación.

– Si adolece de algún defecto, concederá plazo de tres días para su subsanación. De no producirse la subsanación, dará cuenta al juez para que resuelva sobre su admisión; en caso contrario, una vez subsanado el defecto, el LAJ tendrá la solicitud por efectuada.

Si la **solicitud de apertura se presenta por un acreedor o por un socio personalmente responsable de las deudas de la microempresa**, se **notificará al deudor** en los términos de la LEC para que en el **plazo de cinco días hábiles pueda**:

– **Aceptar la solicitud y presentar el formulario normalizado de apertura** del procedimiento especial junto con la oportuna documentación, entendiéndose como aceptación la falta de actuación del deudor debidamente notificado.

– Cuando la solicitud presentada por otros legitimados fuese de apertura de un **procedimiento especial de continuación**, podrá **rechazar tal posibilidad y solicitar la apertura de uno de liquidación**, que se abrirá de manera automática si la solicitud cumple los requisitos necesarios para ello.

– Cuando la solicitud presentada por otros legitimados fuese de apertura de un **procedimiento especial de liquidación**, podrá **rechazar tal posibilidad y solicitar la apertura de uno de continuación**, que se abrirá de forma automática si se cumplen los requisitos legales.

– Cuando el **deudor no estuviese en situación de insolvencia actual, podrá oponerse** a la apertura del procedimiento especial presentando el formulario normalizado y alegando y probando la solvencia actual. En este caso, además, podrá solicitar una ampliación del plazo por otros cinco días hábiles. Por lo demás, la oposición podrá fundarse en la **falta de legitimación del solicitante, la inexistencia del hecho externo revelador del estado de insolvencia en que se funde la solicitud o que no se encontraba o ya no se encuentra en estado de insolvencia actual,** pero no podrá formularse por esta causa si la solicitud presentada por el acreedor se funda:

  • En la existencia de un título por el cual se hubiera despachado ejecución o apremio sin que del embargo hubieran resultado bienes libres conocidos bastantes para el pago.

  • En la existencia de embargos por ejecuciones pendientes que afecten de una manera general al patrimonio del deudor.

  • En la falta de pago de obligaciones tributarias exigibles durante los tres meses anteriores a la solicitud de apertura del procedimiento especial de liquidación, de pago de cuotas de la seguridad social y demás conceptos de reclamación conjunta durante el mismo período o de pago de salarios e indemnizaciones derivadas de las relaciones de trabajo correspondientes a las tres últimas mensualidades.

El LAJ examinará la solicitud del deudor en el plazo de tres días hábiles y, una vez comprobado que la solicitud o, en su caso, la oposición del deudor, se presentaron en tiempo y forma, las tendrá por presentadas. En caso de que no cumplan con los requisitos formales, lo notificará al solicitante, concediéndole un plazo de tres días hábiles para su modificación.

Además, de haberse formulado oposición, el juez podrá convocar al deudor y al acreedor que hubiese instado el procedimiento a una **vista,** que se celebrará dentro de los cinco días siguientes.

CUESTIÓN

Si la microempresa deudora formula oposición a la solicitud de apertura de un procedimiento especial presentada por un acreedor, ¿en qué plazo resolverá el juez sobre ella?

Cuando se celebre vista, el juez resolverá al final de la misma o dentro del plazo máximo de tres días hábiles. En caso de no considerarse necesaria la vista, tendrá que dictar la resolución dentro de los 10 días siguientes a la presentación de la solicitud (artículo 691 quinquies.2 del TRLC).

TRAMITACIÓN DE LA SOLICITUD DE APERTURA

Presentación

**JUEZ COMPETENTE
(el que correspondería en caso de
concurso de acreedores)**

Reparto y remisión a la oficina judicial
el mismo día de la presentación o el
siguiente hábil.

Examen y comprobación por el LAJ

El LAJ la examinará y comprobará que
concurren los requisitos legales en el mismo día
del reparto o el siguiente hábil:

- La tendrá por presentada si se cumplen.
- Concederá plazo para la subsanación de
  defectos en caso contrario.

**En caso de
SOLICITUD PRESENTADA POR ACREEDOR O
SOCIO PERSONALMENTE RESPONSABLE**

Resolución de apertura

El LAJ la **notificará al DEUDOR** para que, en un plazo
de 5 días hábiles:

- La **acepte** y **presente el formulario normalizado de
  apertura**. La falta de actuación se entenderá como
  aceptación.
- Si la **solicitud fuese de apertura del procedimiento
  especial de continuación**, podrá **rechazarlo y
  solicitar la apertura del de liquidación**, que se
  abrirá de forma automática si se cumplen los
  requisitos.
- Si la **solicitud fuese de apertura de un
  procedimiento especial de liquidación**, podrá
  **rechazarlo y solicitar la apertura del de
  continuación**, que se abrirá automáticamente si se
  cumplen los requisitos.
- De **no encontrarse en situación de insolvencia
  actual**, podrá **oponerse a la apertura** del
  procedimiento, alegando y probando la solvencia
  actual. Podrá solicitar una ampliación de plazo por
  otros 5 días hábiles.
- También podrá **oponerse** si falta la legitimación del
  solicitante o el hecho externo revelador del estado de
  insolvencia en que se fundamente la solicitud o si no
  se encontraba o ya no se encuentra en estado de
  insolvencia actual, en ciertos casos.

Examen y resolución de la solicitud u oposición del deudor.

Mediante **auto** dentro de los 2
días hábiles siguientes a la
admisión a trámite o, en caso
de oposición del deudor, en el
auto que la resuelva.

**Comunicación y publicación
de la apertura del
procedimiento**

El deudor comunicará la
apertura a los acreedores.
Se publicará en el Registro
Público Concursal y se
inscribirá en los de bienes
y personas.

A TENER EN CUENTA. Sin embargo, los acreedores cuyos créditos representen más del 50 %
del pasivo podrán, en cualquier momento, solicitar la conversión del procedimiento de
continuación en uno de liquidación sin necesidad de justificación adicional, si el deudor está en
insolvencia actual; y los que representen un 25 % del pasivo podrán hacerlo cuando,
objetivamente, no exista la posibilidad de continuar la actividad en el corto y medio plazo.

2.3. La apertura del procedimiento especial y sus efectos

La apertura del procedimiento especial tendrá lugar **por medio de auto** dictado dentro de los dos días hábiles siguientes a la admisión a trámite de la solicitud o, en caso de haberse formulado oposición por el deudor, en el auto que la resuelva.

Dicho auto de apertura incluirá (**artículo 692 del TRLC**):

– La identificación del deudor.

– El tipo de procedimiento especial.

– Mención, en su caso, de los distintos módulos seleccionados por el solicitante, de acuerdo con lo previsto en el capítulo IV del título II o en el capítulo II del título III del libro tercero del TRLC.

– Conforme a la documentación e información facilitada en el formulario, indicación de si el procedimiento especial se declara sobre la base de probabilidad de insolvencia, insolvencia inminente o insolvencia actual del deudor.

– El fundamento de la competencia judicial internacional del juez, con especificación de si es procedimiento principal o territorial.

> **A TENER EN CUENTA.** La resolución de apertura podrá impugnarse por falta de competencia judicial internacional o territorial mediante declinatoria en el plazo de 10 días desde su publicación en el Registro Público Concursal.

El LAJ notificará el auto al deudor y, en su caso, al acreedor solicitante, y lo remitirá al Registro Público Concursal. El **deudor, por su parte, tendrá que comunicar por vía electrónica dicha apertura a los acreedores** incluidos en su solicitud, de cuya dirección electrónica tenga constancia, permitiéndoles el acceso a toda la documentación presentada en el juzgado; y también al cónyuge si está casado. Dirigirá asimismo la comunicación a los acreedores cuando el procedimiento especial se hubiese declarado a solicitud de un acreedor o socio personalmente responsable.

La apertura del procedimiento **se publicará en el Registro Público Concursal** y se **inscribirá en los registros de personas y bienes** conforme a las reglas del libro primero (apartados 3 y 4 del artículo 692 bis del TRLC). En el caso de que la apertura se produjese a solicitud de los acreedores, la publicación en el Registro Público Concursal surtirá los efectos de notificación con respecto al deudor y a los demás acreedores de los que no conste dirección electrónica.

La posibilidad de conversión del procedimiento especial

Quienes soliciten la apertura del procedimiento especial podrán optar entre un procedimiento especial de liquidación o de continuación, siempre que concurran los requisitos que permiten la tramitación de uno u otro. Sin embargo, los **acreedores que alcancen ciertos porcentajes del pasivo podrán pedir la conversión del procedimiento** en los términos que especifica el artículo 693 del TRLC:

- Los acreedores cuyos créditos **representen más de la mitad del pasivo** podrán, en cualquier momento, solicitar la conversión del procedimiento de continuación en uno de liquidación sin necesidad de justificación adicional, siempre que el deudor se encuentre en insolvencia actual.

- Los acreedores cuyos créditos **representen un 25 % del pasivo** podrán, en cualquier momento, solicitar la conversión de un procedimiento de continuación en uno de liquidación cuando, objetivamente, no exista la posibilidad de continuación de la actividad en el corto y medio plazo.

Realizarán la solicitud por medio del **formulario normalizado** y, una vez comprobado que reúnen los porcentajes necesarios, el LAJ la **notificará al deudor y al resto de los acreedores**. Estos dispondrán de un **plazo de tres días hábiles para oponerse** a la conversión, alegando, exclusivamente, la insuficiencia de la cuantía del pasivo instante de la conversión (en el caso del primer punto antes indicado) y la insuficiencia del pasivo o la posibilidad objetiva de continuación (en el caso del punto segundo); adjuntando, en todo caso, la documentación que consideren oportuna. Además, el deudor también podrá oponerse, en ambos casos, alegando que no se encuentra en estado de insolvencia actual.

El juez resolverá sobre la conversión mediante **auto** y, excepcionalmente, en caso de haberse formulado oposición, podrá convocar a las partes a una vista. **Rechazará la conversión** en los siguientes supuestos (artículo 693.6 del TRLC):

- Si no se han alcanzado las mayorías requeridas del pasivo.

- Si se acredita que el deudor no está en insolvencia actual.

- En el caso de que se solicitase la conversión de un procedimiento de continuación en uno de liquidación, si se acredita objetivamente la posibilidad de continuación de la actividad a corto y medio plazo.

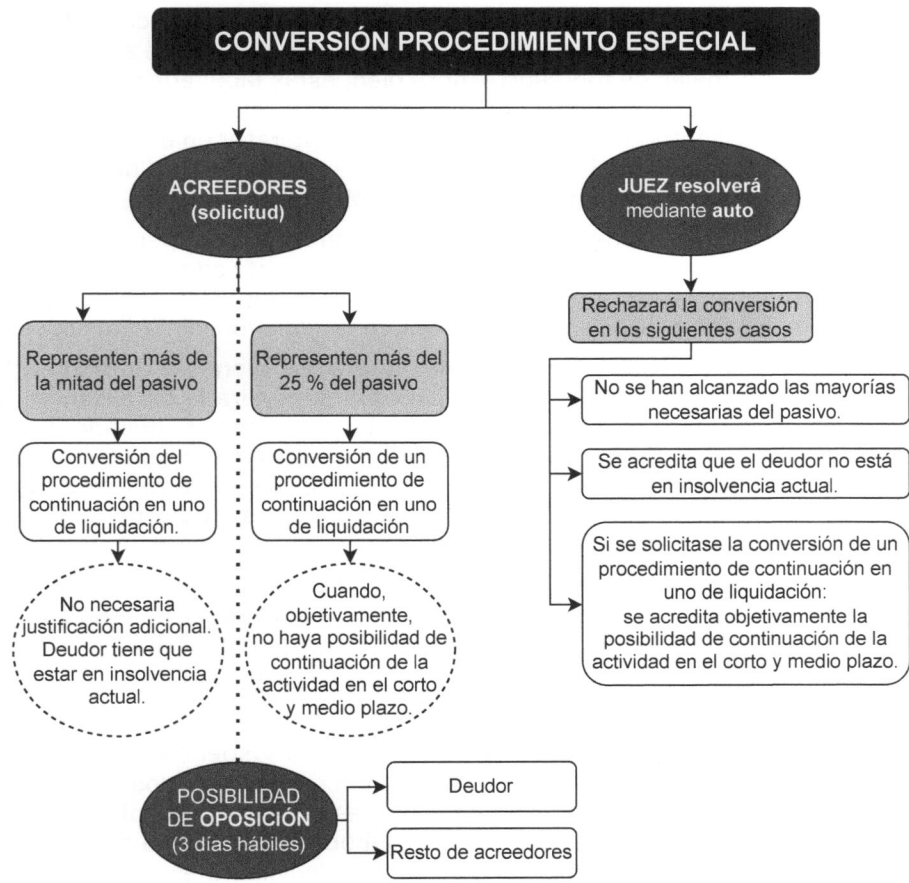

¿Cuáles son los efectos de la apertura del procedimiento especial para microempresas?

La apertura del procedimiento especial para microempresas produce una serie de efectos que se detallan en los artículos 694 a 694 ter del TRLC y que pueden clasificarse en tres categorías:

– Los **efectos generales,** que tienen lugar con independencia del tipo de procedimiento especial para microempresas que se abra.

– Los efectos de la **apertura del procedimiento de continuación y del de liquidación con transmisión de la empresa en funcionamiento**.

– Los efectos de la **apertura del procedimiento de liquidación sin transmisión** de la empresa en funcionamiento.

|| Efectos generales

Desde la apertura del procedimiento especial y hasta su conclusión, el **deudor conservará las facultades de administración y disposición sobre**

su patrimonio, aunque solo podrá realizar los **actos de disposición que tengan por objeto la continuación de la actividad**, siempre que se ajusten a las condiciones normales de mercado. Ahora bien, estas facultades de administración y disposición podrán ser limitadas a través de alguno de los módulos o medidas no obligatorias que las partes pueden interesar en el procedimiento especial de conformidad con lo establecido en el capítulo IV del título II o en el capítulo II del título III del libro tercero del TRLC.

Salvo en caso de fraude, no se podrán rescindir las compensaciones de créditos producidas en el marco de un contrato de cuenta corriente o de financiación del circulante, en el marco de una actividad empresarial o profesional ordinaria, en los tres meses anteriores al comienzo del procedimiento especial.

Por lo que se refiere a las **ejecuciones sobre los bienes y derechos del deudor**, la apertura del procedimiento especial supondrá la **paralización** de las ejecuciones judiciales o extrajudiciales sobre ellos, con independencia de si la ejecución se había ya iniciado o no en el momento de la solicitud y de la condición del crédito o del acreedor, siendo de aplicación lo previsto en los artículos 594 y siguientes del TRLC (del libro segundo, sobre derecho preconcursal), con las especialidades que determina el artículo 694.4 del TRLC:

– La suspensión de las ejecuciones no afectará a los créditos con garantía real, sin perjuicio de que el deudor lo solicite de acuerdo con los supuestos que así lo permitan en el libro tercero del TRLC.

– Tampoco se suspenderán las ejecuciones de los créditos que no se vean afectados por el plan de continuación.

– En el supuesto de los créditos públicos, no se suspenderá la ejecución de los créditos que tengan la calificación de privilegiados de acuerdo con las reglas generales ni, en todo caso, de los porcentajes de las cuotas de la seguridad social cuyo abono corresponda a la empresa por contingencias comunes y contingencias profesionales ni a los porcentajes de la cuota del trabajador que se refieran a contingencias comunes o accidentes de trabajo y enfermedad profesional.

Efectos de la apertura del procedimiento especial de continuación o de liquidación con transmisión de la empresa en funcionamiento

Por lo que se refiere a los efectos sobre los **contratos pendientes de ejecución**, en el procedimiento especial de continuación o de liquidación con transmisión de la empresa en funcionamiento, se aplicarán las reglas de los artículos 156 a 159 del TRLC (integrados dentro del libro primero de la norma, que regula el concurso de acreedores), con las especialidades establecidas en el libro tercero del TRLC.

La apertura del procedimiento especial, por sí sola, no afectará a los **contratos con obligaciones recíprocas pendientes de cumplimiento**. En particular, se tendrán por no puestas las cláusulas contractuales que prevean la suspensión, modificación o terminación anticipada del contrato por el simple motivo de:

– La presentación de la solicitud de apertura o su admisión a trámite.

– La solicitud de suspensión general o singular de acciones y procedimientos ejecutivos.

– Cualquier otra circunstancia análoga o directamente relacionada con las anteriores.

Por otra parte, la apertura del **procedimiento especial de continuación** conllevará la **suspensión del deber legal de acordar la disolución por pérdidas cualificadas** mientras se tramita; y la de la **liquidación no afectará a los contratos pendientes de ejecución por ambas partes, ni serán válidas las cláusulas que permitan la resolución anticipada en caso de liquidación,** mientras exista la posibilidad de transmisión de la empresa en funcionamiento y no se haya producido un incumplimiento del contrato, posterior o anterior al inicio del procedimiento especial de liquidación (artículo 694 bis.4 del TRLC).

Efectos de la apertura del procedimiento especial de liquidación sin transmisión de la empresa en funcionamiento

> **A TENER EN CUENTA.** Se considerará que el procedimiento de liquidación se realiza sin transmisión de la empresa en funcionamiento cuando así lo establezca el deudor en la solicitud de apertura de la liquidación, así se desprenda del contenido del plan de liquidación o cuando así lo determine el juez tras las alegaciones efectuadas al plan de liquidación por parte de los acreedores (artículo 694 ter.1 del TRLC).

Desde el momento de la apertura de la liquidación, cuando así lo indique el deudor, se desprenda del plan de liquidación o lo determine el juez tras las alegaciones efectuadas al plan de liquidación por los acreedores, se producirá el **vencimiento anticipado de los créditos aplazados y la conversión en dinero de los consistentes en otras prestaciones.**

La apertura de la liquidación supone la **disolución de la sociedad.** En caso de sustitución de la deudora por un administrador concursal, los administradores y liquidadores podrán desarrollar las funciones de representación de la deudora necesarias para defender sus derechos en el seno del procedimiento especial de liquidación.

En relación con este efecto el **auto del Juzgado de lo Mercantil n.º 5, rec. 400/2023, de 2 de febrero de 2024, ECLI:ES:JMM:2024:32A,** señala:

> «Por ello, el primer efecto general de la apertura del procedimiento especial se determina en el artículo 694 TRLC, y consiste en el mantenimiento de las facultades de administración y disposición sobre su patrimonio, aunque solo podrá realizar aquellos actos de disposición que tengan por objeto la continuación de la actividad empresarial o profesional, atendiendo a las condiciones normales de mercado.
>
> Así, si se solicita nombramiento de Ac, este procede a sustituir al concursado (694.3 ter TRLC) ; asimismo si lo solicitan los acreedores conforme 713.1 TRLC, se sustituye al administrador de la concursada; en el mismo sentido conforme 713.4 TRLC. Si no se solicita por deudor o acreedores, el deudor mantiene sus facultades, con la limitación de actos de disposición ajenos a continuación de la actividad.
>
> Por tanto, aperturada la liquidación, se produce la disolución de la sociedad (694 ter TRLC) , y el deudor en principio se convierte en liquidador de la sociedad, procediendo a elaborar un PL, y realizando la liquidación por sí mismo, salvo que se encuentre nombrado AC.

Ahora bien, todo ello descansa sobre el principio derivado de la buena fe, actuación de veracidad. Así, determina la Exposición de Motivos de la Ley 16/2022 que "El pilar del procedimiento es la veracidad de la información aportada. Por ello, la ocultación de información relevante, la manipulación de datos o la aportación de documentación incorrecta o no enteramente veraz tiene consecuencias severas. Es causa expresa de calificación culpable, se pone en conocimiento del Ministerio Fiscal"».

Por último, en caso de deudor persona natural, la apertura producirá los **efectos específicos en relación con los alimentos y la disolución de la sociedad conyugal previstos en los artículos 123 a 125 del libro primero** del TRLC.

Régimen de las acciones rescisorias y de responsabilidad

Como mecanismos para incrementar el patrimonio a disposición de los acreedores, el TRLC regula de manera expresa el régimen de ejercicio de las acciones rescisorias contra actos realizados por el deudor y de las acciones de responsabilidad contra los administradores, liquidadores o auditores de la sociedad deudora.

Así, y por lo que se refiere a las primeras (las **acciones rescisorias**), el artículo 695 del TRLC establece las siguientes reglas:

- Desde la comunicación de la apertura del procedimiento especial y durante los 30 días hábiles siguientes, los acreedores y los socios personalmente responsables de las deudas del deudor podrán comunicar cualquier información que pueda resultar relevante a los efectos del posible ejercicio de acciones rescisorias contra actos realizados por el deudor, de acuerdo con las reglas de la sección 1.ª del capítulo IV del título IV del libro primero del TRLC (artículos 226 a 237 del TRLC).

- Dentro de los 45 días siguientes a la comunicación de la apertura del procedimiento especial, los acreedores cuyos créditos representen al menos el 20 % del pasivo total podrán solicitar el nombramiento de un experto en la reestructuración o un administrador concursal a los efectos del ejercicio de acciones rescisorias. A su vez, los acreedores que representen un porcentaje del pasivo mayor al que haya solicitado el nombramiento podrán oponerse a él, salvo que los solicitantes asuman íntegramente la retribución del experto o del administrador concursal.

- Si ya hubiera un experto en la reestructuración o un administrador concursal en el procedimiento especial, acreedores que representen al menos el 10 % del pasivo total podrán solicitar del mismo el ejercicio de la acción rescisoria y, en caso de negativa de estos o de falta de respuesta dentro de 15 días hábiles, los acreedores solicitantes tendrán legitimación subsidiaria para entablar la acción rescisoria. Los acreedores litigarán a su costa en interés del procedimiento especial, según el régimen jurídico previsto para la legitimación activa subsidiaria de acreedores en el libro primero.

- La **acción no suspenderá** el normal desarrollo procesal del procedimiento especial, **solo podrá ser presentada en caso de insolvencia**

actual del deudor y podrá ser objeto de cesión a un tercero. Además, en caso de procedimiento especial de continuación, su ejercicio podrá incluirse en el plan de continuación.

Se aplicarán estas **mismas reglas** para el ejercicio de las **acciones que se dirijan a exigir responsabilidad civil a los administradores, liquidadores o auditores de la sociedad deudora** (artículo 696 del TRLC).

CUESTIONES

1. ¿Cómo comunicarán los acreedores y socios personalmente responsables cualquier información que pueda ser importante de cara al posible ejercicio de acciones rescisorias contra actos del deudor?

Lo harán mediante formulario normalizado (artículo 695.2 del TRLC).

2. ¿Cómo litigarán los acreedores cuando ejerzan la acción rescisoria por negativa del experto en la reestructuración o del administrador concursal o falta de respuesta en plazo de estos?

Los acreedores litigarán a su costa, en interés del procedimiento especial, según el régimen jurídico previsto para la legitimación activa subsidiaria de acreedores en el libro primero del TRLC (artículo 695.4 del TRLC).

3.
EL PROCEDIMIENTO ESPECIAL DE CONTINUACIÓN

El procedimiento de continuación como uno de los posibles itinerarios del procedimiento especial para microempresas

En la solicitud de apertura del procedimiento especial presentada por el deudor o los restantes legitimados, el **solicitante debe elegir el itinerario a seguir por el procedimiento**, que podrá ser el de un procedimiento de continuación o el de uno de liquidación con o sin transmisión de la empresa en funcionamiento. Aunque, ello, sin perjuicio de que los acreedores puedan instar y obtener la conversión en otro distinto en los términos que establece el artículo 693 del TRLC.

En este epígrafe nos ocuparemos de la primera de esas dos posibles formas de tramitar el procedimiento especial: el **procedimiento de continuación**, que se concibe como un procedimiento abreviado en el que el deudor y sus acreedores pueden alcanzar una solución acordada a la insolvencia de la microempresa, con independencia de su situación patrimonial.

Su regulación se contiene en el **título II del libro tercero** del TRLC, integrado por los **artículos 697 a 704**.

3.1. La presentación y tramitación del plan de continuación

¿Quién podrá presentar el plan de continuación, cuándo y con qué contenido?

El **deudor o los acreedores** podrán presentar el plan de continuación **con la solicitud de apertura del procedimiento especial o en los 10 días hábiles siguientes a su declaración de apertura** (artículo 697.1 del TRLC).

La falta de presentación del plan de continuación en dicho plazo supone la automática conversión del procedimiento en uno de liquidación, salvo que el deudor no se encontrase en situación de insolvencia actual, en cuyo caso podrá plantear oposición conforme a lo dispuesto en los apartados 4 y 5 del artículo 693 del TRLC. La resolución del juez estimando la oposición del deudor supondrá la conclusión del procedimiento especial.

El **plan de continuación tendrá que contener**, al menos, los extremos que especifica el **artículo 697 ter del TRLC** :

- La relación nominal y cuantía de los créditos por él afectados.

- Los efectos sobre los créditos, que podrán ser tanto quitas como esperas, una combinación de ambas, su conversión en préstamos participativos o su capitalización. Si el plan va a afectar a los derechos de los socios, el valor nominal de sus acciones o participaciones sociales.

- La agrupación de cada uno de los créditos en clases, que se conformarán de acuerdo con su valor económico, reflejado por la graduación de los créditos en el concurso de acreedores, según el libro primero del TRLC.

- Un plan de pagos, que incluya con detalle las cuantías y los plazos durante toda la duración del plan de continuación.

- Los efectos sobre los contratos con obligaciones recíprocas pendientes de cumplimiento que, en su caso, vayan a quedar afectados por el plan.

- Una descripción justificada de los medios con los que propone cumplir con la propuesta, incluyendo las fuentes de financiación proyectadas.

- Las garantías con que cuente la ejecución del plan, cuando resulte aplicable.

- Una descripción justificada de las medidas de reestructuración operativa que prevé el plan, la duración, en su caso, de las medidas, y los flujos de caja estimados, que deberá estar relacionada con el plan de pagos.

- Una memoria explicativa de las condiciones necesarias para el éxito del plan de reestructuración y las razones por las que ofrece una perspectiva razonable de garantizar la viabilidad de la empresa en el medio plazo.

- Las medidas de información y consulta con los trabajadores que, de conformidad con la ley aplicable, se hayan adoptado o se vayan a adoptar.

Si el plan contuviese medidas de reestructuración operativa, estas se llevarán a cabo conforme a las normas que les sean aplicables.

A TENER EN CUENTA. Cuando el deudor sea empleador, los representantes legales de los trabajadores tendrán derecho, si lo prevé la legislación laboral, a ser informados y consultados sobre el contenido del plan de continuación con carácter previo a su aprobación u homologación, según corresponda conforme a dicha normativa (artículo 697 quater del TRLC).

> **CUESTIÓN**
>
> **¿Qué juez será competente para tramitar las cuestiones referidas a las medidas de reestructuración operativa que, en su caso, contenga el plan de continuación?**
>
> Las controversias que se susciten en relación con las medidas de reestructuración operativa que contuviera el plan de continuación, se sustanciarán ante la jurisdicción competente para ello (artículo 697 ter.2 del TRLC).

Admisión a trámite y comunicación electrónica a los acreedores

Una vez recibida la propuesta del plan de continuación, el LAJ comprobará si se cumplen los requisitos legales y, si no advierte la existencia de defectos, se entenderá admitida a trámite transcurridos tres días hábiles (artículo 697 bis del TRLC). Por el contrario, si apreciara la existencia de defectos, concederá un plazo de tres días hábiles para su subsanación. Transcurrido ese plazo sin haberse efectuado la subsanación, el plan se tendrá por no presentado y el juez resolverá por auto la conversión de la liquidación, salvo oposición del deudor que acredite no estar en situación de insolvencia actual.

Admitida a trámite la propuesta del plan, el deudor la **comunicará electrónicamente a los acreedores** en un plazo de tres días hábiles, recibiendo el LAJ en copia cada una de las comunicaciones realizadas por el deudor. La **falta de tal comunicación o su realización fuera de plazo será causa de conversión del procedimiento en uno de liquidación**, que se declarará de oficio por el juez o a instancia del deudor o los acreedores (artículo 697 bis.3 del TRLC).

> **CUESTIONES**
>
> **1. Si se presentan varias propuestas del plan, ¿por qué orden se tramitarán?**
>
> En el supuesto de que se hubiese presentado más de una propuesta, en primer lugar, se tramitará la efectuada por el deudor y, entre las presentadas por los acreedores, se atenderá al orden temporal de presentación (artículo 697 bis.4 del TRLC).
>
> **2. ¿Desde cuándo se computará el plazo de tres días hábiles del que dispone el deudor para la comunicación electrónica a los acreedores de la propuesta del plan de continuación?**
>
> Los tres días hábiles de los que dispone el deudor para efectuar esa comunicación electrónica a los acreedores se computarán desde la notificación del LAJ confirmando que se realizó correctamente la propuesta o bien desde que hayan transcurrido los tres días sin notificación del LAJ (artículo 697 bis.2 del TRLC).

El posterior período de alegaciones y de insinuación de nuevos créditos

Antes de entrar en el análisis de los distintos pasos que se siguen en su tramitación, conviene apuntar que el procedimiento de alegaciones, votación y aprobación del plan de continuación se realizará **por escrito** (artículo 697 quinquies.1 del TRLC).

Una vez presentado el plan y comunicado su contenido, se abre un **período de alegaciones**. Dichas alegaciones podrán efectuarse, aportando la documentación justificativa que estimen oportuna y dentro de un plazo de **15 días hábiles**, por los siguientes sujetos:

- Los acreedores, en caso de propuesta presentada por el deudor.

- El deudor y el resto de los acreedores, en caso de propuesta presentada por los acreedores o por un socio personalmente responsable de las deudas de la sociedad.

- El experto en la reestructuración, en ambos casos.

Las alegaciones podrán tener por **objeto** cualquier parte del contenido del plan de continuación, incluidas las referidas a la cuantía, características y naturaleza de los créditos afectados por el plan, según se determinan en la lista de créditos incluida por el deudor en su solicitud o en un momento posterior, tras la apertura del procedimiento a petición de un acreedor o de un socio personalmente responsable de las deudas de la sociedad.

A su vez, **cualquier persona que tenga un crédito contra el deudor y que no esté en la lista de acreedores** incluida en o tras la solicitud de apertura del procedimiento especial, o en la propuesta del plan de continuación, podrá **solicitar la inclusión del mismo dentro de los 20 días hábiles siguientes a la apertura** del procedimiento especial de continuación. Lo hará electrónicamente, mediante la presentación del correspondiente formulario normalizado (artículo 697 quinquies.5 del TRLC).

CUESTIÓN

¿Tiene alguna relevancia el hecho de que un acreedor no presente alegaciones en relación con su crédito o con la clase a la que ha sido asignado conforme al artículo 697 quinquies del TRLC?

Sí, puesto que a tenor del apartado 4 de ese artículo 697 quinquies del TRLC, «la no presentación de alegaciones por parte de un acreedor en relación con la cuantía, características y naturaleza de su crédito, o con la clase a que ha sido asignado, se entenderá como aceptación tácita e impedirá la impugnación posterior».

3.2. La aprobación y homologación del plan de continuación

La votación y aprobación del plan de continuación

Tras los períodos de alegaciones e insinuación de nuevos créditos, se abrirá el de **votación**, cuyo desarrollo será distinto en función de que se hubiese solicitado o no la inclusión de nuevos créditos o de que se hubiesen formulado alegaciones, así como de la clase de alegaciones que, en su caso, se hubiesen presentado (apartados 6, 7 y 8 del artículo 697 quinquies del TRLC):

- Transcurrido el plazo habilitado, se abrirá el período de votación en relación con los **créditos sobre los que no se hayan presentado ale-**

gaciones, que durará 15 días hábiles contados a partir de la comunicación electrónica a los acreedores de su comienzo, efectuada por el deudor con copia al LAJ.

– Si se hubieran presentado **alegaciones relativas al valor de los medios con los que se propone cumplir** con la propuesta que tuvieran objetivamente entidad suficiente para influir en el sentido del voto, el juez podrá suspender el comienzo del período de votación cuando así haya sido solicitado por el acreedor impugnante.

– Si se hubiesen presentado **alegaciones sobre el contenido y tratamiento de los créditos, o se hubiese solicitado la inclusión de nuevos créditos,** el LAJ dará traslado de las alegaciones al juez para que, en el plazo máximo de 15 días hábiles, decida mediante auto. Excepcionalmente, podrá convocar a una vista y resolverá a través de auto en los cinco días siguientes a su celebración.

> **CUESTIÓN**
>
> **¿Cuándo comenzará a contarse el plazo para votar con respecto a los créditos sobre los que se hubiesen hecho alegaciones o que se hubiese solicitado su inclusión?**
>
> El plazo para emitir el voto con respecto a los créditos sobre los que se hayan realizado alegaciones o que hayan solicitado su inclusión se empezará a contar desde la resolución judicial sobre ellas (artículo 697 quinquies.8 del TRLC).

Terminado el plazo de votación, el **LAJ certificará el resultado y lo notificará electrónicamente** al deudor y los acreedores.

Por último, conviene tener en cuenta que, en el caso de que **transcurran 15 días hábiles sin que se hayan resuelto las alegaciones formuladas o la insinuación de nuevos créditos,** y habiéndose alcanzado la mayoría suficiente, el LAJ **aprobará provisionalmente** el plan de continuación. De este modo, continuará la tramitación de las actuaciones, pero no podrán realizarse aquellas que perjudiquen el derecho de los acreedores cuyas alegaciones estuviesen pendientes de resolución (artículo 697 sexies del TRLC). Por el contrario, si, **pasados 15 días hábiles, se constatase que no será posible alcanzar la mayoría** suficiente, el LAJ **certificará el rechazo del plan** de continuación, con independencia de que se resuelvan las alegaciones pendientes.

¿Qué será necesario para la válida aprobación del plan de continuación?

Para que el plan de continuación sea válidamente aprobado, el **deudor** y, en su caso, los **socios de la sociedad deudora que sean legalmente responsables** de las deudas sociales tendrán que **dar su consentimiento** al plan propuesto por los acreedores.

Se entenderá que son **créditos afectados** por el plan aquellos que tengan tal consideración conforme a lo establecido en el libro segundo del TRLC (derecho preconcursal). Cualquier crédito, incluidos los contingentes y sometidos a condición, puede ser afectado por el plan de continuación, salvo los que establece el artículo 698.3 del TRLC:

- Los créditos de alimentos derivados de una relación familiar, de parentesco o de matrimonio.
- Los derivados de daños extracontractuales.
- Los créditos derivados de relaciones laborales distintas de las del personal de alta dirección.
- En el supuesto de los créditos públicos, la parte que deba calificarse como privilegiada. Además, nunca se verán afectados los porcentajes de las cuotas de la seguridad social cuyo abono corresponda a la empresa por contingencias comunes y contingencias profesionales ni los porcentajes de la cuota del trabajador que se refieran a contingencias comunes o accidentes de trabajo y enfermedad profesional.

El plan deberá incluir un **tratamiento paritario de los créditos en condiciones homogéneas** y ningún crédito mantendrá o recibirá, conforme a él, pagos, derechos, acciones o participaciones con un valor superior al importe de sus créditos.

Como especialidad, además, en el artículo 698.6 del TRLC se establecen ciertas **limitaciones en el alcance que el plan de continuación puede tener con respecto a los créditos de derecho público**, para los que en ningún caso podrá suponer:

- El cambio de la ley aplicable.
- El cambio de deudor, sin perjuicio de que un tercero asuma sin liberación de ese deudor la obligación de pago.
- La modificación o extinción de las garantías que tuvieren.
- La conversión del crédito en acciones o participaciones sociales, en crédito o préstamo participativo o en un instrumento de características o de rango distintos de los que tuviese el originario.
- Quitas o esperas respecto de los porcentajes de las cuotas de la seguridad social cuyo abono corresponda a la empresa por contingencias comunes y por contingencias profesionales ni a los porcentajes de la cuota del trabajador que se refieran a contingencias comunes o accidentes de trabajo y enfermedad profesional.

|| Mecánica de voto y mayorías necesarias

Todo aquel que sea **titular de un crédito afectado tendrá derecho a votar por el nominal de su crédito**, computándose cada uno por el principal más los recargos e intereses vencidos.

La **votación se realizará según la división por clases** prevista en la propuesta del plan de continuación y, en el caso de que algún **acreedor no vote, se entenderá que ha votado a favor**.

Cuando la **AEAT sea acreedora**, se entenderá que vota a favor del plan de continuación que contenga una quita no superior al 15 % del importe de sus créditos ordinarios, salvo que se indique lo contrario de conformidad con lo previsto en el artículo 10.3 de la Ley 47/2003, de 26 de noviembre, General Presupuestaria (LGP).

Para considerar aprobado el plan, serán necesarias las siguientes **mayorías** (apartados 9 y 10 del artículo 698 del TRLC):

- En cada clase de créditos. El plan se considerará **aprobado por una clase de créditos afectados** si hubiera votado a favor del mismo la mayoría del pasivo correspondiente a dicha clase; salvo en el caso de que la clase estuviera formada por créditos con garantía real, en que se considerará aprobado si votan a favor de él dos tercios del pasivo correspondiente a esa clase.

- En general. Se considerará aprobado cuando haya sido **aprobado por todas las clases de créditos o, al menos, por**:

  • Una mayoría simple de las clases, siempre que al menos una de ellas sea una clase de créditos con privilegio especial o general.

  • O, en su defecto, por una clase que, de acuerdo con la clasificación de créditos del concurso de acreedores, pueda razonablemente presumirse que hubiese recibido algún pago tras una valoración del deudor como empresa en funcionamiento.

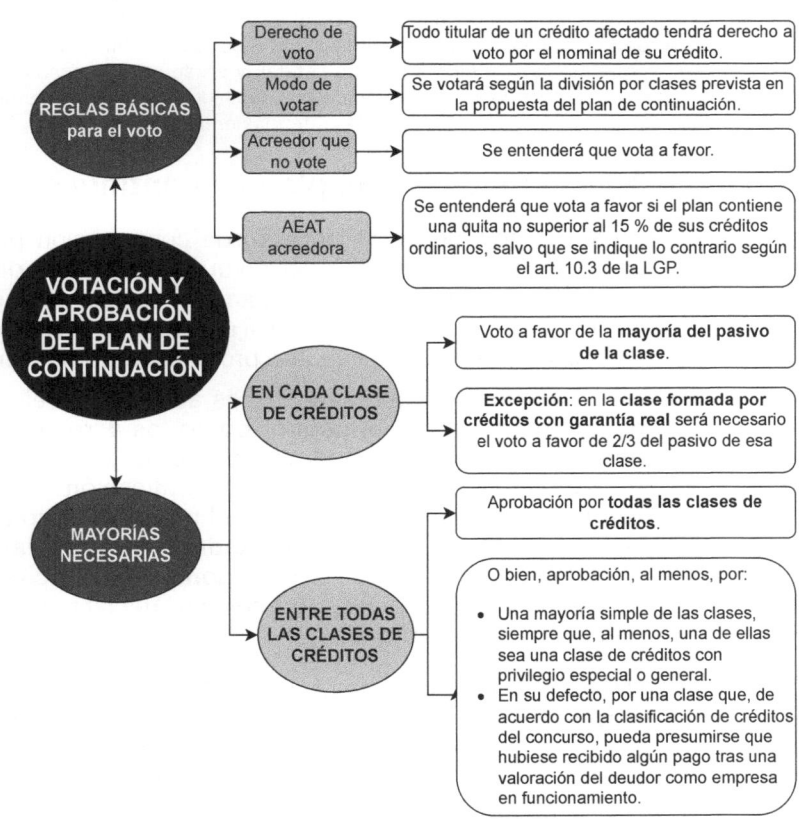

CUESTIÓN

Cuando la AEAT sea acreedora de la microempresa objeto del procedimiento especial de continuación, se considerará que ha votado a favor del plan de continuación si este contiene una quita no superior al 15 % del importe de sus créditos ordinarios, salvo que se establezca lo contrario conforme al artículo 10.3 de la LGP. ¿A qué se refiere ese precepto?

El artículo 10.3 de la LGP determina que el carácter privilegiado de los créditos de la Hacienda pública estatal le otorga a esta el derecho a abstenerse en los procesos concursales. No obstante, en el curso de los mismos podrá:

– Suscribir los acuerdos o convenios previstos en la legislación concursal.

– Acordar, de conformidad con el deudor y con las garantías que se estimen oportunas, unas condiciones singulares de pago, que no pueden ser más favorables para el deudor que las recogidas en el acuerdo o convenio que pongan fin al proceso judicial.

– Acordar la compensación de dichos créditos en los términos previstos en la normativa reguladora de los ingresos públicos.

Ahora bien, para la suscripción y celebración de los acuerdos y convenios anteriores será necesaria la autorización que en cada caso corresponda. En particular, en el supuesto de créditos cuya gestión recaudatoria corresponda a la AEAT por ley o en virtud de convenio, se requerirá autorización del órgano competente de la AEAT.

En vía reglamentaria se establecerán los procedimientos para asegurar la adecuada coordinación en los procedimientos concursales en que concurran créditos de la Hacienda Pública estatal con créditos de la Seguridad Social y del resto de las entidades que integran el sector público estatal, y en aquellos procedimientos concursales en los que se concurra con procedimientos judiciales o administrativos de ejecución singular correspondientes a las referidas entidades.

La homologación judicial del plan de continuación

El procedimiento para la homologación del plan de continuación presenta diferencias con respecto al sistema de homologación que el libro segundo prevé para el plan de reestructuración. Se agiliza su tramitación y se deja a la iniciativa de los interesados que lo soliciten, de modo que, si ni el deudor ni los acreedores piden esa homologación, la misma será tácita y se producirá automáticamente.

Así las cosas, tras la aprobación del plan por los acreedores, el artículo 698 bis del TRLC determina que tanto **el deudor como los acreedores titulares de créditos afectados por el plan podrán solicitar al juez la homologación** dentro de los 10 días hábiles siguientes a la notificación de la certificación del resultado favorable a la aprobación en el procedimiento escrito. Pero, si pasado ese plazo, **ninguno hubiera solicitado un pronunciamiento judicial expreso** sobre la homologación, el plan se **considerará tácitamente homologado** y cualquier interesado podrá obtener una declaración de esa homologación tácita del juzgado competente.

A TENER EN CUENTA. Por la reforma realizada por la LO 1/2025, de 2 de enero, una vez implantados de forma efectiva los tribunales de instancia (D.T. 1.ª), todas las referencias realizadas a los juzgados unipersonales se entenderán realizadas a las secciones del orden jurisdiccional correspondiente de los tribunales de instancia.

Ahora bien, esta **posibilidad de homologación tácita del plan de continuación no es absoluta**:

– No será posible cuando la aprobación del plan se haya conseguido con una mayoría del pasivo cuyo voto se hubiese considerado positivo por ausencia de voto.

– Tampoco cabrá homologación tácita cuando se incluyan créditos de los acreedores públicos en el plan.

De haberse solicitado, **¿cómo se tramitará y resolverá la homologación expresa?** La solicitud se efectuará, según lo apuntado, por el deudor o por los acreedores titulados de créditos afectados por el plan, quienes la presentarán a través de formulario normalizado, junto con las alegaciones que estimen convenientes.

El LAJ dará traslado de la solicitud al deudor y al resto de los acreedores para que manifiesten lo que consideren oportuno en un plazo de 15 días hábiles. También podrá celebrarse vista si el juez lo estima necesario. Terminado el plazo de alegaciones o, en su caso, celebrada la vista, el juez dictará **auto**, en el que homologará o rechazará la homologación del plan de continuación.

A tal fin, el **juez podrá solicitar un informe de un experto en la reestructuración** acerca del valor del deudor como empresa en funcionamiento cuando lo considere necesario y, en todo caso, cuando una clase de acreedores afectados por el plan haya votado en contra.

Para que judicialmente se acuerde la homologación, será preciso que concurran **de forma acumulada** los **requisitos que enumera el artículo 698 bis.6 del TRLC**:

– Que el deudor esté en probabilidad de insolvencia o en insolvencia inminente o actual y el plan ofrezca una perspectiva razonable de asegurar la viabilidad de la empresa en el corto y medio plazo.

– Que se hayan observado los requisitos procesales y alcanzado las mayorías necesarias.

– Que los créditos dentro de la misma clase sean tratados de forma paritaria.

– Que el plan supere la prueba del interés superior de los acreedores, de acuerdo con las reglas del libro segundo del TRLC.

– Que, en el caso de que el plan no haya sido aprobado por una clase de acreedores, el plan sea justo y equitativo.

– Cuando se haya concedido o se vaya a conceder financiación al deudor en virtud del plan de continuación, que dicha financiación sea necesaria para asegurar la viabilidad de la empresa y no perjudique injustificadamente los intereses de los acreedores.

– Que se hayan observado los requisitos y efectos previstos con respecto a los acreedores públicos y el deudor se encuentre al corriente en el pago de las deudas tributarias y de seguridad social devengadas que hayan surgido con posterioridad a la solicitud de apertura del procedimiento especial de continuación.

El auto de homologación del plan de continuación se **publicará de inmediato en el registro público concursal** y podrá ser **impugnado ante la audiencia provincial** dentro de los 15 días siguientes a su publicación por parte de los titulares de créditos afectados que hubiesen votado en su contra y de los acreedores públicos. Así se desprende de los artículos 698 ter y 698 quater del TRLC.

CUESTIONES

1. ¿Cuándo se entenderá que el plan es justo y equitativo a los efectos de su homologación judicial?

Como regla general, se entenderá que el plan es justo y equitativo cuando la clase de acreedores que haya votado en contra reciba un trato más favorable que cualquier clase de rango inferior, el plan sea imprescindible para asegurar la viabilidad de la empresa y los créditos de los acreedores afectados no se vean perjudicados injustificadamente (numeral 5.º del artículo 698 bis.6 del TRLC).

2. ¿La impugnación del auto de homologación del plan de continuación ante la AP tendrá efectos suspensivos?

No, dicha impugnación carecerá en todo caso de efectos suspensivos (artículo 698 quater.2 del TRLC).

3. ¿Se establece alguna regla con respecto a la protección de la financiación interina y la nueva financiación en el marco del procedimiento especial de continuación para microempresas?

Sí, el artículo 698 quinquies del TRLC se ocupa de esta cuestión. Así, los créditos derivados de la financiación interina otorgada desde el comienzo del período de negociación, y, en su ausencia, durante los tres meses anteriores a la declaración del procedimiento especial de continuación, o por nueva financiación, otorgada para la implementación de dicho plan, serán calificados conforme a lo establecido en el libro primero del TRLC para los créditos por financiación interina o nueva en el concurso de acreedores. Por otra parte, para que la financiación concedida antes de la apertura del procedimiento especial se considere interina, será necesario que el plan de continuación haya sido aprobado o que se haya enajenado la unidad productiva.

3.3. Las vicisitudes del plan y la posibilidad de acudir, en su caso, a la segunda oportunidad (personas físicas)

El cumplimiento o incumplimiento del plan de continuación

El plan de continuación se considerará **cumplido**, según prevé el artículo 699 del TRLC, sin necesidad de ningún trámite adicional, cuando, **transcurridos 30 días naturales del plazo del último pago previsto, ningún acreedor hubiera solicitado la declaración de incumplimiento**. El juez lo declarará a través de auto.

Ahora bien, cabe que los **acreedores insten esa declaración de incumplimiento** en los términos del artículo 699 ter del TRLC. Cualquiera de ellos, que considere que el plan de continuación se hubiese incumplido en relación con su crédito, podrá solicitar la declaración de incumplimiento durante el **plazo de dos meses** desde que se produjo.

Lo harán a través de formulario normalizado, constituyendo prueba del incumplimiento, en todo caso y alternativamente:

– La falta de pago en tiempo y forma.

– El incumplimiento de cualquier obligación establecida en el plan en favor del acreedor que solicite la declaración de incumplimiento.

Para resolver acerca de la solicitud planteada, el **juez podrá** convocar a una vista al deudor y a los acreedores que considere, pudiendo adoptar las siguientes decisiones:

– **Declarar incumplido el plan y abierto el procedimiento especial de liquidación.**

– O bien, en el caso de no considerarse probado el incumplimiento, **rechazar la solicitud.**

A TENER EN CUENTA. Si el juez declara el incumplimiento del plan de continuación, resultarán aplicables los artículos sobre los efectos de la declaración de incumplimiento y sobre los actos realizados en ejecución del convenio a que se refiere el libro primero del TRLC.

CUESTIÓN

¿Será necesario que se solicite la declaración de cumplimiento del plan de continuación al juez?

No, puesto que el último inciso del artículo 699 del TRLC especifica que el juez podrá realizar la declaración de cumplimiento del plan mediante auto dictado de oficio o a solicitud del deudor.

La frustración del plan de continuación y otros supuestos de apertura del procedimiento especial de liquidación

Siempre que el deudor se encuentre en situación de **insolvencia actual**, conforme al **artículo 699 bis del TRLC**, la frustración del plan de continuación determinará la apertura del procedimiento especial de liquidación. En concreto, según ese precepto, tal efecto tendrá lugar en los siguientes casos:

– **Falta de aprobación del plan** de continuación.

– **Rechazo de la homologación** del plan por parte del juez.

– **Estimación de la impugnación formulada contra la homologación.**

– **Incumplimiento del plan** de continuación.

El **juez acordará mediante auto la apertura del procedimiento especial de liquidación**, del siguiente modo:

– Cuando sea por falta de las mayorías necesarias para la aprobación del plan, lo hará en el mismo día o dentro de los dos hábiles siguientes al fin del procedimiento escrito.

– Cuando sea por estimación del recurso interpuesto contra el auto de homologación, acordará la apertura el día siguiente al de la comunicación de la sentencia por la audiencia provincial.

– Cuando sea por rechazo de la homologación judicial del plan de continuación, lo hará en el mismo auto en el que decida sobre esta cuestión.

En los casos anteriores, el **deudor podrá impugnar el auto de apertura de la liquidación** alegando que **no se encuentra en insolvencia actual**, en un plazo de cinco días hábiles desde la publicidad de dicho auto. A tal fin, tendrá que presentar el correspondiente formulario normalizado, acompañado de la oportuna documentación probatoria. La impugnación no tendrá efectos suspensivos, sin perjuicio de las medidas cautelares que el juez considere convenientes y, para su resolución, podrá celebrarse vista.

Por su parte, el **artículo 699 quater del TRLC** contempla otro **supuesto que también supondrá la apertura del procedimiento especial de liquidación:** en todo caso, cuando el **deudor** «no se encuentre al corriente en el **cumplimiento de las obligaciones tributarias o frente a la Seguridad Social** impuestas por las disposiciones vigentes, siempre que su devengo sea posterior al auto de apertura del procedimiento especial».

> **CUESTIÓN**
>
> **Si se hubiese nombrado experto en la reestructuración en el procedimiento de continuación, ¿qué sucederá con él a su término?**
>
> En el caso de que se hubiese nombrado un experto en la reestructuración en el marco del procedimiento especial de continuación, la terminación de dicho procedimiento implicará su cese automático (artículo 699 bis.5 del TRLC).

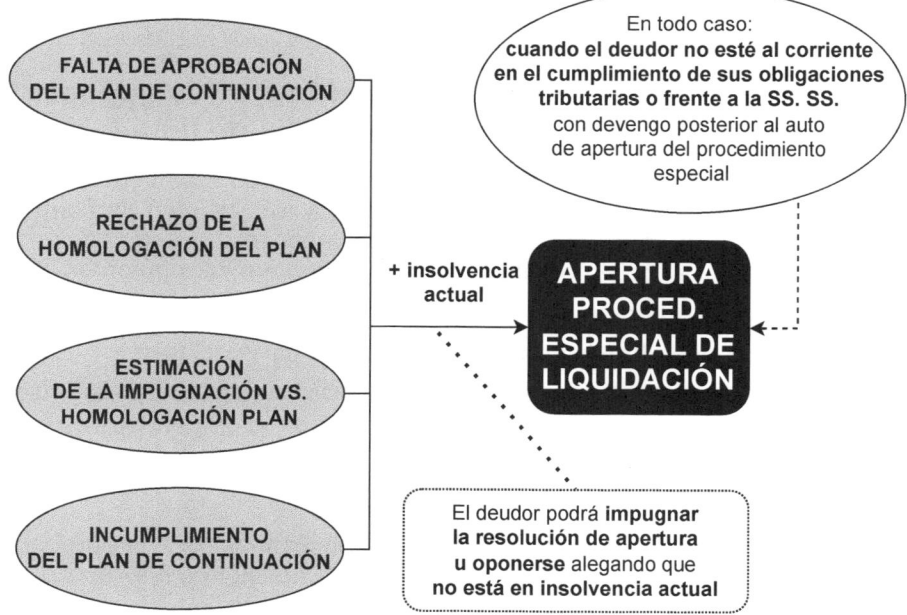

¿Cabe el recurso a la segunda oportunidad en el marco del procedimiento especial de continuación?

Cuando el deudor, que tenga la consideración de microempresa en los términos en que se define en el artículo 685 del TRLC, sea una **persona física**, podrá solicitar la exoneración del pasivo insatisfecho, también denominado segunda oportunidad, en **todos los supuestos de frustración del plan de continuación**. Así lo establece el artículo 700 del TRLC.

Dicha exoneración del pasivo insatisfecho **podrá solicitarla la persona física microempresa conforme a lo establecido en el libro primero del TRLC**, que es el que regula el concurso de acreedores y el que contiene el régimen específico de este procedimiento de segunda oportunidad (artículos 486 a 502 del TRLC).

Así las cosas, en aquellos casos en los que el plan de continuación no haya llegado a buen fin, el deudor persona física podrá intentar la exoneración del pasivo insatisfecho a través del cumplimiento de un plan de pagos de acuerdo con el procedimiento previsto en el capítulo II del título XI del libro primero del TRLC y no pasará directamente a un procedimiento especial de liquidación.

CUESTIÓN

Tras la reforma operada en el TRLC por la Ley 16/2022, de 5 de septiembre, ¿la buena fe sigue siendo un elemento clave para poder acceder al mecanismo de la segunda oportunidad?

Sí, la buena fe del deudor se articula como una pieza central de la exoneración, que se excluirá cuando concurran en el deudor ciertas circunstancias objetivas que la ley enumera de manera taxativa. En particular, no será posible el recurso a esta figura cuando concurra alguno de los supuestos que enumera el artículo 487 del TRLC.

3.4. Los módulos o medidas no obligatorias en el procedimiento especial de continuación para microempresas

¿Qué medidas no obligatorias podrán solicitarse en el procedimiento especial de continuación?

Los **artículos 701 a 704 del TRLC regulan** una serie de **medidas y efectos no obligatorios**, que pueden tener lugar en el procedimiento especial de continuación, aunque únicamente **cuando lo solicite el deudor o los acreedores, según los casos, y se cumplan los requisitos legales** necesarios.

Dichas medidas, que veremos a continuación, se refieren a las siguientes cuestiones:

– La solicitud de **suspensión de las ejecuciones**.

– La solicitud de **limitación de las facultades de administración y disposición del deudor.**

– La solicitud de **nombramiento de un experto en la reestructuración.**

– La solicitud de un **procedimiento de mediación.**

– La solicitud de **suspensión de las ejecuciones**

De acuerdo con el artículo 701 del TRLC, el **deudor** podrá pedir, **con la solicitud de apertura del procedimiento especial de continuación o en cualquier momento posterior,** la **suspensión de las ejecuciones judiciales o extrajudiciales sobre los bienes y derechos necesarios para la actividad que deriven del incumplimiento de un crédito con garantía real o de un crédito público.** Y, ello, con independencia de si la ejecución ya se había iniciado o no en el momento de la solicitud y de la condición del crédito o del acreedor.

Lo hará mediante formulario normalizado. Si la solicitud cumple los requisitos legales de forma, el **LAJ ordenará su publicación en el Registro Público Concursal y notificará por vía electrónica la suspensión al acreedor y al juzgado o autoridad** que estuviese conociendo de ella.

Tal suspensión producirá **efectos** desde que dicho juzgado o autoridad reciban la notificación y se mantendrá:

– Hasta que se compruebe objetivamente que no se aprobará un plan de continuación.

– En todo caso, por un **máximo de tres meses** desde el decreto en el que se tenga por efectuada la solicitud. Una vez transcurrido este plazo, la suspensión quedará sin efecto sin que sea necesario ningún acto del LAJ.

> **A TENER EN CUENTA.** Por la reforma realizada por la LO 1/2025, de 2 de enero, una vez implantados de forma efectiva los tribunales de instancia (D.T. 1.ª), todas las referencias realizadas a los juzgados unipersonales se entenderán realizadas a las secciones del orden jurisdiccional correspondiente de los tribunales de instancia.

Cuando no concurran los requisitos legales necesarios, el **acreedor podrá oponerse a la suspensión** en el plazo de cinco días hábiles desde la notificación. Se concederá un plazo de tres días hábiles al deudor para formular alegaciones y, de estimarlo necesario, el juez podrá convocar a las partes a una vista. Se resolverá sobre la oposición mediante auto, que no será susceptible de recurso alguno.

> **CUESTIONES**
>
> **1. ¿Cómo tendrá que formular el acreedor la oposición a la suspensión de las ejecuciones?**
>
> Deberá hacerlo mediante formulario normalizado, que presentará electrónicamente.
>
> **2. ¿La oposición tendrá efectos suspensivos?**
>
> No, el trámite de oposición carecerá de efectos suspensivos, según establece el artículo 701.5 del TRLC.

La solicitud de limitación de las facultades de administración y disposición del deudor

El acreedor o los **acreedores cuyos créditos representen al menos el 20 % del pasivo total** podrán solicitar al juzgado que se limiten las facultades de administración y disposición del deudor que esté en estado de **insolvencia actual**. Es una posibilidad que contempla el artículo 703 del TRLC.

La solicitud se efectuará a través de formulario normalizado, especificándose las **facultades que se pretenden limitar y los motivos que lo justifican**. El **deudor podrá presentar alegaciones** y el juez resolverá finalmente por medio de **auto**, que será recurrible en reposición.

Por su parte, el auto estimatorio se hará constar en el folio abierto a la sociedad en el registro mercantil, y en el libro sobre administración y disposición de bienes inmuebles previsto en la legislación hipotecaria para su traslado al Índice Central Informatizado.

> **CUESTIONES**
>
> **1. ¿De qué plazo dispondrá el deudor para formular alegaciones frente a la solicitud de limitación de sus facultades de administración y disposición conforme al artículo 703 del TRLC?**
>
> Podrá realizar las alegaciones que convengan a su derecho dentro de los tres días hábiles siguientes a la presentación de la solicitud y el juez resolverá dentro de los tres días siguientes.
>
> **2. ¿El auto que resuelve la solicitud de limitación de las facultades de administración y disposición del deudor puede recurrirse?**
>
> Sí, el auto estimando o desestimando la solicitud será recurrible en reposición, que se resolverá, previa celebración de una vista, dentro del plazo de los tres días hábiles siguientes a la misma (art. 703.4 del TRLC).

|| La solicitud de nombramiento de un experto en la reestructuración

En el ámbito del procedimiento especial de continuación, la solicitud del nombramiento de un experto en la reestructuración podrá realizarse de conformidad con el **artículo 704 del TRLC** , que contempla varios legitimados y distintos alcances posibles para sus funciones.

Así, será posible que se solicite su nombramiento, en cualquier momento del procedimiento y a través del formulario normalizado habilitado al efecto:

Por el **deudor o los acreedores cuyos créditos representen al menos el 20 % del pasivo total**, quienes podrán solicitar que **se le nombre con funciones de intervención de las facultades de administración y disposición del deudor**.

Por **acreedores cuyos créditos representen al menos el 40 % del pasivo total**, que podrán solicitar su nombramiento **con funciones de sustitución de las facultades de administración y disposición** del deudor, siempre que dicho deudor se encuentre en situación de **insolvencia actual**.

La solicitud de nombramiento del experto en la reestructuración **podrá ser rechazada** si se oponen acreedores que representen la mayoría del pasivo, a menos que el nombramiento sea necesario para realizar las valoraciones previstas o entablar acciones rescisorias o de responsabilidad.

Podrán oponerse al nombramiento, dentro de los cinco días hábiles siguientes a la notificación de la solicitud y acompañando los documentos acreditativos correspondientes:

El deudor, en caso de que los acreedores hubiesen solicitado el nombramiento del experto con funciones de sustitución de sus facultades de administración y disposición.

Los acreedores que representen la mayoría del pasivo, en todo caso.

El **juez resolverá** sobre si procede nombrar el experto con sustitución de las facultades de administración y disposición del deudor o si se le nombra con simples facultades de intervención.

CUESTIONES

1. ¿Qué facultades tendrá el experto en la reestructuración que se nombre al amparo del artículo 704 del TRLC?

Según el artículo 704.5 del TRLC, el experto tendrá las siguientes:

– Facultades de propuesta del plan de continuación.

– Podrá emitir opiniones técnicas sobre cualquiera de los extremos susceptibles de afectar a la formación de la voluntad de los acreedores en relación con el plan.

– Podrá mediar entre el deudor y sus acreedores.

– Podrá realizar aquellas funciones que le son expresamente reconocidas en el libro tercero del TRLC.

2. ¿Qué persona será nombrada experto en la reestructuración?

El nombramiento del experto recaerá en la persona que elijan de mutuo acuerdo el deudor y acreedores cuyos créditos representen más del 50 % del pasivo total, y ese acuerdo se notificará al juzgado junto con la solicitud de nombramiento o en los cinco días siguientes.

A falta de acuerdo y, en todo caso, si no se recibe comunicación de la persona dentro del plazo, el juez realizará el nombramiento siguiendo el procedimiento previsto en el libro segundo del TRLC para el nombramiento de experto por el juez.

3. ¿Cuál será su retribución?

La retribución del experto correrá a cargo del solicitante, y se determinará de común acuerdo entre el deudor y los acreedores que representen la mayoría del pasivo, a menos que la solicitud provenga de los acreedores y estos asuman voluntariamente su coste (caso en que les corresponderá la determinación de la cuantía). De no existir acuerdo o asunción voluntaria por los acreedores, el artículo 704.7 del TRLC establece que la cuantía se fijará aplicando los aranceles establecidos para la retribución de los administradores concursales.

‖ La solicitud de un procedimiento de mediación

El artículo 702 del TRLC se refiere a la posibilidad de que **se solicite la designación de un mediador concursal con la única finalidad de negociar**

un plan de continuación entre el deudor y los acreedores, cuya actuación se regirá por lo establecido en ese precepto y lo dispuesto para el nombramiento de un experto en la reestructuración en el libro tercero del TRLC en cuanto a la elección, designación y retribución.

Estarán legitimados para la solicitud de esta medida no obligatoria tanto el **deudor** como **acreedores cuyos créditos representen al menos un 20 % del total del pasivo** y podrán hacerlo en cualquier momento desde la apertura del procedimiento especial hasta el final del plazo de votación.

El proceso de mediación tendrá una **duración máxima de 10 días hábiles**. Ahora bien, si el mediador entiende en algún momento que **no es posible alcanzar un acuerdo, cerrará formalmente** la mediación de manera definitiva y lo notificará al juzgado, caso en que el **deudor o acreedores con un 20 % del total del pasivo podrán solicitar la apertura del procedimiento especial de liquidación** (siempre que el deudor se halle en estado de insolvencia actual).

CUESTIONES

1. ¿Cómo se llevará a cabo la mediación?

Por regla general, la mediación se efectuará por medios electrónicos, por videoconferencia o a través de otro medio análogo de transmisión de la voz o la imagen, siempre que quede garantizada la identidad de los intervinientes.

2. ¿Cómo se retribuirá al mediador concursal designado?

El artículo 702 del TRLC regula la figura del mediador concursal, que puede designarse en el marco de un procedimiento especial de continuación, e indica que su estatuto se regirá, además de por lo previsto en dicho precepto, «por lo dispuesto para el nombramiento de un experto en la reestructuración en este libro en cuanto a la elección, designación y retribución» (apartado 2). Así las cosas, parece que habrá que acudir al apartado 7 del artículo 704 del TRLC, que es el que se refiere a la retribución en caso de solicitud de nombramiento de un experto en la reestructuración.

MEDIDAS NO OBLIGATORIAS EN EL PROCEDIMIENTO DE CONTINUACIÓN: ¿quién podrá solicitarlas?

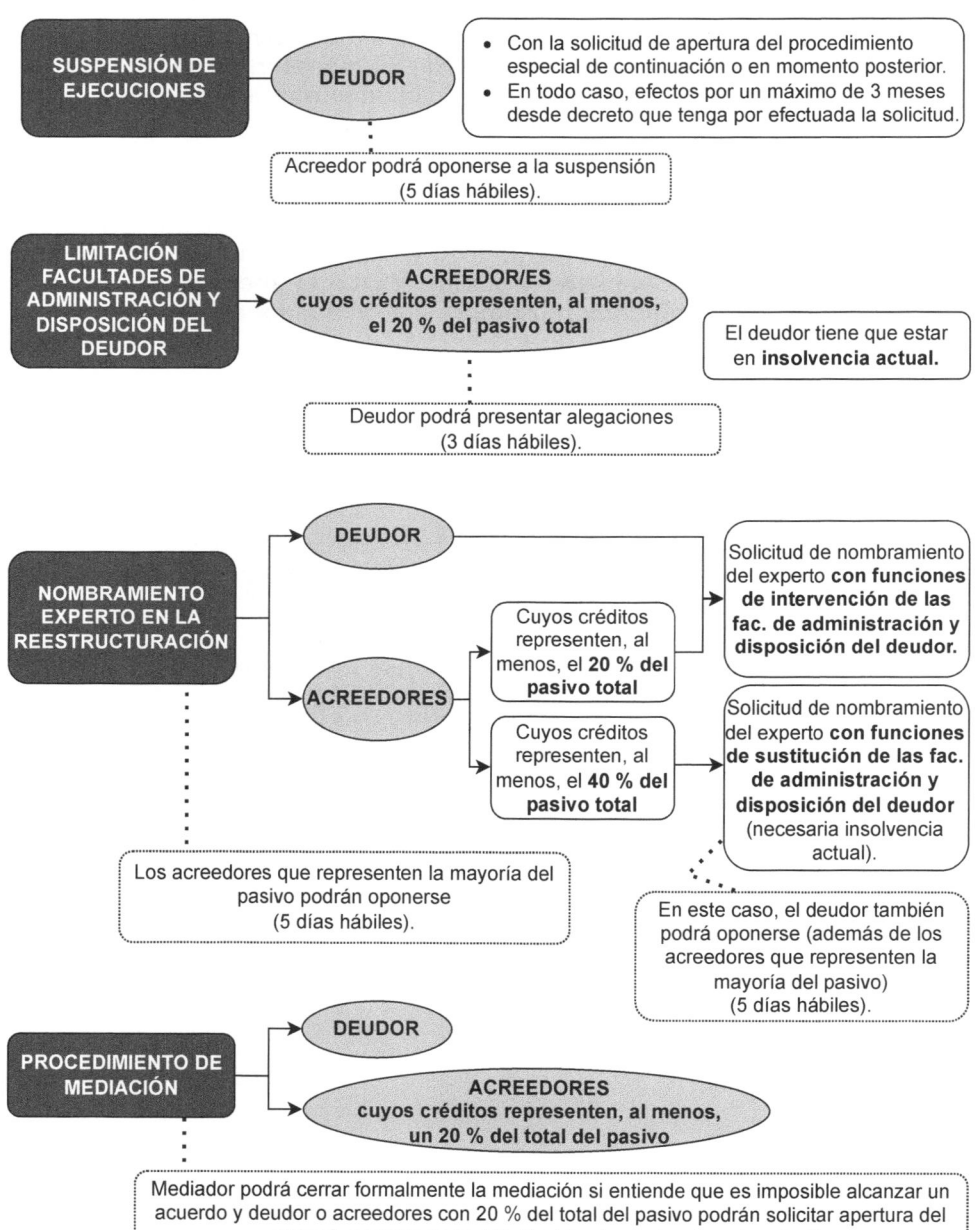

SUSPENSIÓN DE EJECUCIONES

DEUDOR

- Con la solicitud de apertura del procedimiento especial de continuación o en momento posterior.
- En todo caso, efectos por un máximo de 3 meses desde decreto que tenga por efectuada la solicitud.

Acreedor podrá oponerse a la suspensión (5 días hábiles).

LIMITACIÓN FACULTADES DE ADMINISTRACIÓN Y DISPOSICIÓN DEL DEUDOR

ACREEDOR/ES cuyos créditos representen, al menos, el 20 % del pasivo total

El deudor tiene que estar en **insolvencia actual.**

Deudor podrá presentar alegaciones (3 días hábiles).

NOMBRAMIENTO EXPERTO EN LA REESTRUCTURACIÓN

DEUDOR

ACREEDORES

Cuyos créditos representen, al menos, el **20 % del pasivo total**

Cuyos créditos representen, al menos, el **40 % del pasivo total**

Solicitud de nombramiento del experto **con funciones de intervención de las fac. de administración y disposición del deudor.**

Solicitud de nombramiento del experto **con funciones de sustitución de las fac. de administración y disposición del deudor** (necesaria insolvencia actual).

Los acreedores que representen la mayoría del pasivo podrán oponerse (5 días hábiles).

En este caso, el deudor también podrá oponerse (además de los acreedores que representen la mayoría del pasivo) (5 días hábiles).

PROCEDIMIENTO DE MEDIACIÓN

DEUDOR

ACREEDORES cuyos créditos representen, al menos, un 20 % del total del pasivo

Mediador podrá cerrar formalmente la mediación si entiende que es imposible alcanzar un acuerdo y deudor o acreedores con 20 % del total del pasivo podrán solicitar apertura del proced. especial de liquidación (deudor en insolvencia actual).

4.
EL PROCEDIMIENTO ESPECIAL DE LIQUIDACIÓN

La liquidación del activo para microempresas

Este procedimiento **está concebido para dotar a las microempresas de un instrumento sencillo, rápido y flexible, que les permita terminar ordenadamente un proyecto empresarial que, por un motivo u otro, no ha resultado exitoso.**

Se encuentra regulado en los artículos 705 a 720 del TRLC.

A este procedimiento podrá acudir el deudor microempresa cuando se encuentre en insolvencia actual o bien en insolvencia inminente. En el caso de los acreedores, solo podrán acudir a él cuando el deudor se encuentre en insolvencia actual.

Una de las grandes novedades que introdujo el procedimiento especial para microempresas radica en la posibilidad de que el deudor sea quien liquide la masa activa. El legislador justifica esta especialidad por la previsibilidad de que, en una buena parte de los casos, la masa activa, en el momento de apertura del procedimiento, incluirá pocos activos y su liquidación debería resultar sencilla, y en que, previsiblemente, algunos de esos activos más valiosos estarán sometidos a garantía real o a algún tipo de preferencia específica. Ello no impide que el propio deudor o los acreedores, si así lo solicitan, puedan solicitar el nombramiento de un administrador concursal que realice las tareas de liquidación.

El procedimiento especial de liquidación pretende ser un sistema ágil y abreviado de determinación de la masa activa y de la masa pasiva. Todo el procedimiento especial de liquidación se desarrolla en una misma fase, en aras de la economía procesal.

Para este procedimiento se prevé una **plataforma electrónica** que conforma otra de las novedades más importantes de este procedimiento especial para microempresas. Será de acceso gratuito y universal, y en ella se volcarán los activos de todos los procedimientos especiales de microempresas en liquidación. La plataforma pretende agilizar la venta de activos, permitir reducir el coste de la liquidación, incrementar la transparencia y descargar de trabajo al sistema judicial.

4.1. La apertura del procedimiento y la tramitación del plan de liquidación

¿Cómo se inicia el procedimiento especial de liquidación?

La apertura del procedimiento especial de liquidación y su tramitación se recogen en los artículos 705 a 707 bis del TRLC.

El procedimiento especial de liquidación se abrirá en los siguientes supuestos:

- Cuando lo **solicite el propio deudor**.
- Cuando lo **solicite un acreedor**.
- Cuando **no se haya aprobado un plan de continuación**, si el deudor está en insolvencia actual.
- Cuando, **aprobado un plan de continuación, no se haya homologado**, siempre y cuando el deudor se encuentre en insolvencia actual.
- Cuando, **homologado un plan de continuación, el deudor lo haya incumplido**, si el deudor se encuentra en insolvencia actual.
- Cuando **el deudor no se encuentre al corriente en el cumplimiento de las obligaciones tributarias o frente a la Seguridad Social**, siempre que su devengo sea posterior al auto de apertura del procedimiento especial para microempresas.

Los créditos del acreedor que solicite el procedimiento especial de liquidación contra el deudor en insolvencia actual serán créditos con privilegio general, excluidos los que tuvieren el carácter de subordinados, hasta el 50 % de su importe, de forma paralela a lo que se establece en el libro primero del TRLC para los acreedores concursales instantes del concurso.

La **apertura** del procedimiento especial de liquidación **se notificará a los acreedores y,** en su caso, **al cónyuge del deudor,** y será **publicada en el RPC**, tal y como establece el artículo 692 bis del TRLC. De igual forma, se publicitará y comunicará a los acreedores aun cuando la apertura del procedimiento especial de liquidación se inicie después de un procedimiento especial de continuación.

Cualquier acreedor podrá presentar alegaciones en relación con la cuantía, características y naturaleza de su crédito, o respecto del inventario de la masa activa en los **20 días hábiles siguientes a la apertura del procedimiento** especial de liquidación. **En el mismo plazo,** cualquier persona que tenga un crédito contra el deudor podrá **solicitar la inclusión** del mismo en el procedimiento especial de liquidación. La presentación de estas alegaciones y solicitud de inclusión de créditos debe hacerse por medios electrónicos mediante un formulario normalizado que se aprobará reglamentariamente.

Transcurrido el plazo de 20 días para formular alegaciones, se considerarán definitivos tanto los créditos sobre los que no se hayan realizado alegaciones como las partidas del inventario no impugnadas.

El LAJ tendrá por presentadas las alegaciones o solicitudes a los 5 días de su recepción. Además, el deudor o, en su caso, el administrador concursal, podrán realizar alegaciones sobre la modificación de crédito o del inventario o sobre insinuación de nuevo crédito mediante formulario normalizado dentro del plazo de cinco días.

Transcurrido dicho plazo, el juez podrá celebrar vista. Sin embargo, si se trata de un deudor persona jurídica, y se objetiva que el activo no será suficiente para satisfacer el crédito que se insinúa o cuya modificación se pretende, el juez no convocará vista y no realizará trámite posterior alguno.

En cualquier caso, el juez decidirá mediante auto sobre la inclusión o las modificaciones en el plazo máximo de 15 días hábiles desde el fin del plazo de alegaciones.

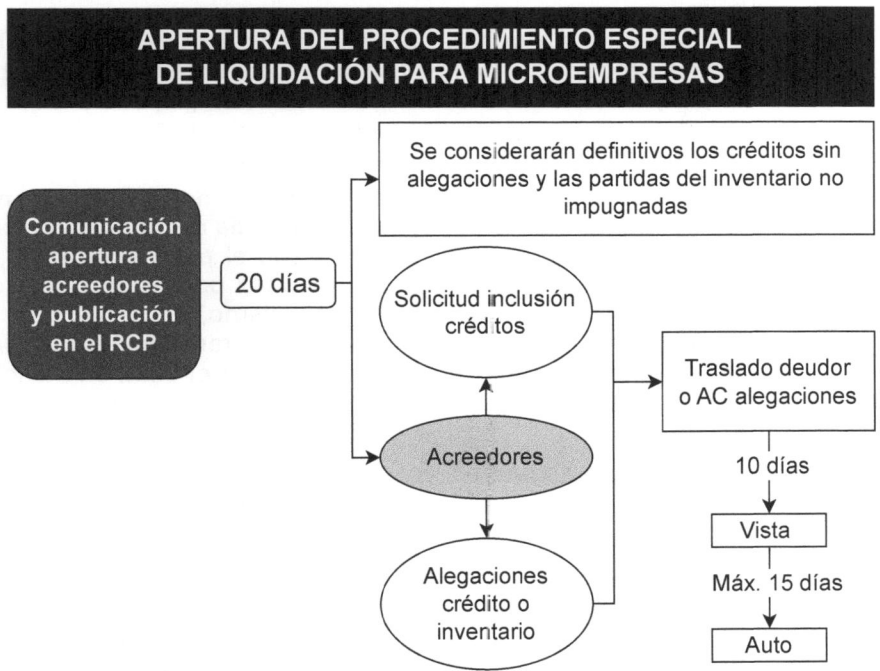

CUESTIÓN

¿Qué debe contener la solicitud del acreedor de inclusión de sus créditos en el procedimiento especial de liquidación presentada dentro de los 20 días siguientes a la apertura del mismo?

Tal y como estipula el artículo 706.2 del TRLC, la solicitud incluirá la identificación del acreedor, con la aportación de una dirección de correo electrónico, así como todos los datos relevantes relativos al crédito, incluyendo su concepto, cuantía, fechas de adquisición y vencimiento, características y clasificación que se pretenda. Si se invocare un privilegio especial, se indicarán los bienes o derechos a que afecte y, en su caso, los datos registrales. En cualquier caso, a la solicitud se acompañará copia del título o de los documentos relativos al crédito.

La tramitación del plan de liquidación y su posibilidad de modificación

Con la solicitud de apertura del procedimiento especial de liquidación, el deudor debe señalar su disposición para liquidar el activo o, de lo contrario deberá solicitar el nombramiento de un administrador concursal. **Desde el momento de la apertura voluntaria de la liquidación, el deudor o, en su caso, el administrador concursal, deberá presentar un plan de liquidación en el plazo de 20 días hábiles.**

El plan de liquidación deberá:

- Exponer los **tiempos y la forma previstos para la liquidación del activo**, de manera individualizada para cada bien o categoría de bienes genéricos.

- **Prever la enajenación unitaria del establecimiento o del conjunto de unidades productivas** de la masa activa, siempre que sea posible. Para ello, el plan incluirá una valoración de la empresa o de las unidades productivas realizada por un administrador concursal o por un experto designado al efecto.

El deudor o, en su caso, el administrador concursal, **notificarán por medios electrónicos el plan a los acreedores** el mismo día de su presentación, o el hábil siguiente, con copia al LAJ. Comunicado el plan, **el deudor, los acreedores o los representantes de los trabajadores podrán formular observaciones y propuestas de modificación del mismo**, en el plazo de 10 días hábiles. **El deudor o el administrador concursal tendrán 10 días para para la determinación de los créditos y para modificar el plan,** en atención a las alegaciones formuladas, la información recibida y, en su caso, la lista de créditos modificada.

El deudor o los acreedores podrán impugnar el plan en los 3 días hábiles siguientes, bien porque no se modificase, bien porque no estuviesen conformes con las modificaciones.

Si no se realizan impugnaciones, de forma automática el juez declarará el plan aprobado, que será inmediatamente ejecutable.

Por contra, **si se realizasen impugnaciones, el juez podrá convocar a una vista y resolverá**. No obstante, este procedimiento de modificación del plan de liquidación no paralizará las actuaciones de liquidación, excepto que el juez establezca alguna medida cautelar concreta.

En cualquier caso, **contra el auto de aprobación del plan no cabrá recurso.**

CUESTIÓN

¿Puede el plan de liquidación modificar las condiciones de trabajo o el despido colectivo?

Sí, en cuyo caso se regirá por lo dispuesto en el libro primero del TRLC en materia de contratos de trabajo, tal y como establece el artículo 707.4 del TRLC.

Tal y como prevé el artículo 707 bis del TRLC, **tanto el deudor como el administrador concursal,** en su caso, **podrán solicitar la modificación del**

plan, si consideran que con esa modificación será más rápida y mayor la satisfacción de los créditos de los acreedores. La propuesta concreta de modificación se notificará a los acreedores y al deudor, en su caso, para que puedan realizar alegaciones por 10 días.

El juez podrá aprobar la modificación, introducir las modificaciones que estime necesarias en base a las alegaciones formuladas, **o bien denegar la modificación** del plan. Contra el auto de modificación no se podrá interponer recurso.

CUESTIÓN

¿Qué datos debe especificar la solicitud de modificación del plan de liquidación?

La solicitud debe especificar:

- Las concretas reglas del plan que deben ser modificadas.

- Las reglas que deban ser suprimidas o introducidas.

- La justificación de los cambios propuestos.

4.2. La ejecución de las operaciones de liquidación y, en su caso, la posibilidad de acudir a la segunda oportunidad (personas físicas)

La regulación de las operaciones de liquidación

La ejecución de las operaciones de liquidación seguirá lo establecido en los artículos 708 a 710 del TRLC. La plataforma electrónica prevista en dichos artículos se contempla en la disposición adicional segunda de la Ley 16/2022, de 5 de septiembre.

Las operaciones de liquidación que no hayan sido impugnadas, sobre las que no se hayan realizado alegaciones o sobre las que se hayan realizado alegaciones cuyo contenido no comporte la necesidad de suspender la ejecución, **podrán comenzar en los diez días siguientes a la presentación de alegaciones al plan** de liquidación. **Si no se producen impugnaciones, se comenzará inmediatamente con la ejecución** del plan de liquidación.

La **liquidación de bienes individuales o de categorías genéricas de bienes se producirá a través del sistema de plataforma electrónica previsto al efecto.** Salvo supuestos excepcionales, en los que se prevea la transmisión del bien a través de otro sistema en el plan de liquidación, el deudor o la administración concursal utilizarán la plataforma en línea de liquidación de bienes procedentes de procedimientos especiales de liquidación.

> **A TENER EN CUENTA.** Dicha plataforma aparece regulada en los artículos 4 y 5 de la Orden JUS/1333/2022, de 28 de diciembre, de condiciones de acceso y modo de funcionamiento del servicio electrónico, para la cumplimentación de los formularios normalizados y de las especificaciones técnicas de la plataforma electrónica de liquidación de bienes previstas en la Ley 16/2022, de 5 de septiembre, de reforma del texto refundido de la Ley Concursal.

Tal y como establece la disposición adicional segunda de la Ley 16/2022, de 5 de septiembre, **la plataforma consiste en «un portal público electrónico para la venta de los activos de las empresas en liquidación, que incluirá un catálogo integrado por los bienes que vayan siendo añadidos a través de comunicación por los deudores o por los administradores concursales tras la apertura de un procedimiento especial de liquidación».**

Con relación al acceso a dicha plataforma el artículo 4.2 de la Orden JUS/1333/2022, de 28 de diciembre, establece que:

> «Esta plataforma estará enlazada en el Punto de Acceso General de la Administración de Justicia, donde también se podrán encontrar las instrucciones necesarias para su uso, en el enlace siguiente: https://www.administraciondejusticia.gob.es».

Los bienes y derechos se incorporarán al catálogo actualizado y clasificado por tipos de bienes en la plataforma. Salvo que el tipo de activo no lo aconseje, los bienes y derechos se incorporarán tanto a la sección de exposición de bienes individuales como a la sección por grupos agregados, junto con el precio inicial de cada bien y de los lotes, siendo el precio inicial la valoración concedida inicialmente al bien en el procedimiento especial de liquidación. El deudor, o en su caso, el administrador concursal, deben remitir la información detallada sobre los distintos activos, con descripción suficiente y estado de conservación, incluidas imágenes y todo cuanto determine la plataforma y sea susceptible de afectar el valor del activo.

La venta de los bienes en la plataforma se producirá a través de subastas periódicas y, en casos justificados, mediante venta directa. Una vez ejecutada la operación de liquidación, la plataforma electrónica remitirá un certificado al LAJ del juzgado de lo mercantil en el que se incluirá el contenido preciso que le permita verificar las condiciones de la enajenación, la identidad del adjudicatario o adquirente y los registros donde hacer constar la transmisión.

> **A TENER EN CUENTA.** Por la reforma realizada por la LO 1/2025, de 2 de enero, una vez implantados de forma efectiva los tribunales de instancia (D.T. 1.ª), todas las referencias realizadas a los juzgados unipersonales se entenderán realizadas a las secciones del orden jurisdiccional correspondiente de los tribunales de instancia.

La ejecución de las operaciones de liquidación previstas en el plan no podrá durar más de tres meses, prorrogables a petición del deudor o de la administración concursal por **un mes.**

Si, debido a circunstancias extraordinarias ajenas al procedimiento especial, un **bien o derecho no puede ser objetivamente liquidado en el plazo** de 3 meses, o de su prórroga, el deudor persona física o, en su caso, su administrador concursal, comunicarán dicho extremo al juez, junto con un plan para la realización del activo. El plan podrá incluir el uso de fondos de la masa activa para sufragar los costes de realización del bien o derecho, siempre que dichos gastos sean inferiores al previsible valor de realización de dicho bien o derecho. El resultado de la liquidación deberá ser distribuido entre los acreedores del procedimiento especial, siguiendo el orden de prelación previsto en el informe final de liquidación.

Mensualmente, el deudor o el administrador concursal presentarán un **informe sobre el estado de las operaciones de liquidación**, acompañado de la relación de los créditos contra la masa, especificando los devengados y pendientes de pago y sus vencimientos.

La transmisión de la empresa o de sus unidades productivas

En caso de transmisión de la empresa o de sus unidades productivas, esta se llevará a cabo con sujeción a las reglas del libro primero del TRLC, con las siguientes **especialidades**:

– La transmisión se llevará a cabo por **venta directa en favor del tercero que ofrezca como mínimo un 15 % más del valor acordado y mantenga el resto de las condiciones.**

– La **venta directa** se llevará a cabo **de acuerdo con los principios de concurrencia y transparencia.** A tal fin, las condiciones generales y el precio fijado de acuerdo con la valoración se notificarán a los acreedores y se publicarán en el RPC.

– **Si no es posible la venta directa, la transmisión se realizará por subasta.** En este caso, el **precio de adjudicación de la subasta no podrá**, en ningún caso, **ser inferior a la suma del valor de los bienes y derechos del deudor incluidos en el inventario.**

– Cuando se reciba **más de una oferta cuyos contenidos difieran** en el modo en que se garantiza la continuidad de la empresa o del establecimiento mercantil, el mantenimiento de los puestos de trabajo o la satisfacción de los créditos, el deudor o la administración concursal, oídos los representantes de los trabajadores, presentarán un **informe al juez** con propuesta de resolución, **para que este resuelva** de acuerdo con el artículo que regula la **regla de la preferencia** prevista en el artículo 219 del TRLC.

Si surgiera la **posibilidad de transmisión de la empresa o de sus unidades productivas en un momento posterior a la elaboración del plan de liquidación,** se realizará una **valoración por el administrador concursal o**, si este no ha sido nombrado, **se solicitará el nombramiento de un experto para la valoración**. Notificándose la valoración al deudor y acreedores, para que puedan realizar alegaciones durante 5 días hábiles. Transcurrido este plazo, el deudor, el administrador concursal o, en su caso, el experto confirmará la valoración inicial o la modificarán en función de la información recibida.

El deudor o la administración concursal **podrán incluir la empresa o sus unidades productivas en la plataforma electrónica a efectos de su exposición al mercado.** Para ello, aportarán información sobre la forma de la persona jurídica concursada, el sector al que pertenece la empresa, el ámbito de actuación, el tiempo durante el que ha estado en funcionamiento, el volumen de negocio, el tamaño del balance y el número de empleados, el inventario de los activos más relevantes de la empresa, los contratos vigentes con terceros, las licencias y autorizaciones administrativas vigentes, los pasivos de la empresa con garantía real y la determinación de los bienes y derechos afectos, los procesos judiciales, administrativos, arbitrales o de mediación en los que estuviera incursa y los aspectos laborales relevantes, todo ello con indicación de qué parte de la información puede ser publicada en abierto y qué parte solo tras su autorización.

La inclusión en la plataforma será requisito para la posterior presentación de ofertas de adquisición por persona especialmente relacionada con el deudor.

Por su parte, los interesados en la adquisición de la empresa comunicarán «expresión de interés no vinculante» a través de la plataforma, que trasladará la misma al deudor o a la administración concursal inmediatamente.

También podrá presentarse una oferta de adquisición de empresa o de unidad productiva por un acreedor, un tercero o personas trabajadoras interesadas en la sucesión de la empresa mediante la constitución de sociedad cooperativa, de acuerdo con las reglas de los artículos 224 bis a 224 quater del TRLC.

Créditos frente a terceros

El deudor o el administrador concursal del procedimiento especial dispondrán de un plazo máximo de **tres meses desde la apertura de la liquidación para obtener el pago de los créditos frente a terceros existentes en la masa activa**, salvo que los créditos se transmitan como parte de la empresa en funcionamiento.

Deberán liquidar los créditos frente a terceros de la masa activa de alguna de las siguientes **formas:**

- La **transmisión de los créditos a un tercero.** Si el descuento es mayor del 30 % del valor nominal actualizado será necesario presentar al menos tres ofertas por el crédito, debiendo ser al menos una de ellas de entidades financieras o de entidades de reconocida trayectoria en el mercado secundario del crédito.

- **Ceder el crédito o el conjunto de créditos que representen al menos el 20 % del total del valor de la masa activa a un tercero,** para que este gestione su cobro. La remuneración del cesionario consistirá en un porcentaje de la cantidad recuperada, incluyendo en dicha remuneración los gastos y costas que genere el recobro. La diferencia entre la cuantía cobrada y la retribución del cesionario se distribuirá entre los acreedores, realizando el pago el propio cesionario. El cesionario, mensualmente, deberá informar a los acreedores del estado de la recuperación del crédito.

Especialidad en caso de deudor persona física: posibilidad de acudir a la segunda oportunidad

Tal y como regula el **artículo 715 del TRLC** , si el **deudor es una persona física empresario o profesional, terminada la liquidación y distribuido el remanente, podrá solicitar la exoneración del pasivo insatisfecho** conforme a lo establecido en el libro primero del TRLC, siempre que reúna los requisitos para ello.

4.3. Los módulos o medidas no obligatorias que pueden solicitarse en el procedimiento de liquidación

Medidas potestativas en el procedimiento de liquidación

El TRLC regula, en los **artículos 712 a 714**, medidas que podrán solicitarse en el procedimiento de liquidación potestativamente.

Así, si existe la posibilidad objetiva y razonable de que la empresa o las unidades productivas puedan transmitirse en funcionamiento, el deudor podrá **solicitar la suspensión de las ejecuciones judiciales o extrajudiciales sobre los bienes y derechos necesarios para la actividad empresarial o profesional que deriven del incumplimiento de un crédito con garantía real,** con independencia de si la ejecución se había ya iniciado o no en el momento de la solicitud. Si concurren los requisitos legales, el LAJ ordenará la publicación de la suspensión en el RPC, así como en los registros mercantil y de la propiedad competentes. Igualmente, notificará la suspensión electrónicamente a los acreedores y al juzgado o a la autoridad que estuviese conociendo de la ejecución. La **suspensión producirá efectos desde que el juzgado o autoridad que estuviere conociendo de la ejecución recibiera la notificación y se mantendrá hasta el momento en que se compruebe objetivamente que la empresa no se transmitirá en funcionamiento** y, **en todo caso, transcurridos tres meses** desde el decreto en que se tenga por efectuada la solicitud la suspensión se levantará de manera automática.

A TENER EN CUENTA. Por la reforma realizada por la LO 1/2025, de 2 de enero, una vez implantados de forma efectiva los tribunales de instancia (D.T. 1.ª), todas las referencias realizadas a los juzgados unipersonales se entenderán realizadas a las secciones del orden jurisdiccional correspondiente de los tribunales de instancia.

En el supuesto de que la apertura de la liquidación se produzca tras la frustración de un plan de continuación, y la suspensión ya se hubiera solicitado durante la tramitación del plan de continuación, el plazo de tres meses seguirá contando desde que comenzó a surtir efecto, aunque este plazo podrá prorrogarse por un mes adicional, a solicitud del deudor y si el juez lo considera necesario y sigue siendo razonable que la empresa se transmita en funcionamiento.

De igual forma, potestativamente, en cualquier momento del procedimiento especial de liquidación, **el deudor o los acreedores** cuyos créditos representen al menos el 20 % del pasivo total, **podrán solicitar el nombramiento de un administrador concursal que sustituya al deudor en sus facultades de administración y disposición**. En caso de paralización de la actividad empresarial o profesional del deudor, podrán solicitar el nombramiento de administrador concursal los acreedores que representen el 10 % del pasivo total. Así, los acreedores que representen créditos con una mínima mayoría podrán solicitar el nombramiento de un administrador concursal que sustituirá al órgano de administración en sus facultades de administración y disposición. En defecto de dicho nombramiento, el órgano de administración continuará con sus facultades de administración y disposición sobre el patrimonio.

En caso de que se nombre un administrador concursal que sustituya al deudor en sus facultades de administración y disposición, el administrador concursal:

- Tendrá facultades de propuesta del plan de liquidación.
- Podrá emitir opiniones técnicas relativas a la valoración de los activos y de las ofertas de adquisición de la empresa o de unidades productivas.
- Tendrá las facultades de administración conferidas en el procedimiento y las facultades de disposición necesarias para proceder a la liquidación del activo, dentro del marco de la liquidación.
- Podrá realizar aquellas funciones que le son expresamente reconocidas en el libro tercero del TRLC.

La administración concursal recaerá en la persona inscrita en el RPC que elijan, de mutuo acuerdo, el deudor y acreedores cuyos créditos representen más del 50 % del pasivo total. En caso de desacuerdo se aplicarán las reglas del libro primero del TRLC.

En cuanto a la **retribución del administrador concursal**, hay que tener en cuenta lo previsto en el artículo 713.4 del TRLC el cual ha sido modificado por la LO 1/2025, de 2 de enero, en vigor a partir del 3 de abril de 2025. Antes de esta reforma, la retribución del administrador concursal se determinaba de mutuo acuerdo entre el deudor y los acreedores que representasen la mayoría del pasivo, y en defecto de acuerdo o asunción voluntaria por los acreedores, la cuantía se fijaba conforme a los aranceles previstos reglamentariamente para la retribución de los administradores concursales. Añadía, además la redacción anterior, que «la retribución del administrador concursal correrá a cargo del solicitante. Si lo hubiera solicitado el deudor, el cobro se producirá tras la satisfacción del crédito público privilegiado».

Pues bien, tras la citada modificación y, a partir del 3 de abril de 2025, la **retribución del administrador concursal se determina de conformidad** con la disposición legal o reglamentaria que lo regule y tendrá la consideración de crédito contra la masa. A solicitud del deudor, el cobro se producirá tras la satisfacción de la totalidad de los créditos públicos calificados contra la masa.

Además, conforme al artículo 713.5 del TRLC, **el juez podrá nombrar administrador concursal de oficio o a instancia de un único acreedor cuando:**

– El deudor haya provisto información insuficiente o inadecuada.

– El juez haya observado un comportamiento que genere dudas razonables sobre la conveniencia de que el deudor realice directamente las operaciones de liquidación.

– Concurran circunstancias objetivas que así lo aconsejen apreciadas por el juez en resolución motivada y no se hubiere solicitado su designación conforme al artículo 713.1 del TRLC. En este caso, la retribución del administrador concursal correrá a cargo del deudor. La designación del administrador concursal y su retribución se efectuará conforme a lo establecido en el capítulo II del título II del libro I del TRLC.

A TENER EN CUENTA. El artículo 713.5 del TRLC ha sido modificado por la LO 1/2025, de 2 de enero, en vigor a partir del 3 de abril de 2025, en los términos expuestos. Antes de esta reforma su contenido era el siguiente:

«El juez podrá nombrar administrador concursal a instancia de un único acreedor cuando el deudor:

1.º Haya provisto información insuficiente o inadecuada.

2.º Haya observado un comportamiento que genere dudas razonables sobre la conveniencia de que el deudor realice directamente las operaciones de liquidación.

En estos supuestos, la retribución del administrador concursal correrá a cargo del deudor y el cobro se producirá tras la satisfacción del crédito público privilegiado».

Por último, se prevé que, potestativamente, el deudor o los acreedores o, en casos de especial complejidad, el administrador concursal, puedan **solicitar el nombramiento de un experto para la valoración de la empresa o de establecimientos mercantiles, a los solos efectos de la valoración de la empresa o de una o más de sus unidades productivas.** El nombramiento y la retribución del experto se acordará por el deudor y los acreedores que representen la mayoría del pasivo. En caso de desacuerdo, lo determinará el LAJ de acuerdo con el sistema de nombramiento y retribución de peritos judiciales. La retribución será satisfecha por el solicitante, sin embargo, si existe ya un administrador concursal en el procedimiento, el experto no podrá ser retribuido con cargo a la masa del procedimiento especial con independencia de quién solicite el nombramiento. Si lo hubiera solicitado el deudor, el cobro se producirá tras la satisfacción del crédito público privilegiado.

La solicitud de nombramiento de experto en valoración de la empresa se comunicará por medio de formulario normalizado, e incluirá, en su caso, el nombre del experto y la retribución acordada entre el deudor y los acreedores, con identificación de estos.

4.4. La calificación abreviada del procedimiento especial de liquidación para microempresas

La calificación abreviada del procedimiento especial de liquidación

Su regulación se recoge en los artículos 716 a 718 del TRLC.

La calificación abreviada del procedimiento especial de liquidación se prevé como un **trámite ágil y breve**.

El procedimiento de calificación **se abrirá** cuando lo **solicite el administrador concursal**, los **acreedores que representen al menos el 10 % del pasivo** y los **socios personalmente responsables de las deudas**, dentro del plazo de 60 días naturales desde la apertura del procedimiento especial de liquidación. También podrá solicitar la apertura del procedimiento de calificación cualquier acreedor cuando el deudor hubiera cometido inexactitud grave en cualquiera de los formularios o en los documentos que los acompañen, o cuando hubiera acompañado o presentado documentos falsos.

El LAJ, comprobado que la solicitud cumple los requisitos legales, **comunicará a las partes la apertura del procedimiento de calificación abreviada,** en los 3 días hábiles siguientes a recibir la solicitud.

Iniciado el procedimiento de calificación, **el administrador concursal debe presentar un informe razonado y documentado sobre los hechos relevantes para la calificación del procedimiento especial de liquidación, incluyendo su propuesta de resolución,** en el plazo de 20 días hábiles desde la apertura del procedimiento de calificación, o desde su nombramiento expresamente realizado a estos efectos. En idéntico plazo, **los acreedores que representen al menos el 10 % del pasivo y los acreedores públicos, podrán presentar informe**, que ha de ser también razonado y documentado, sobre los hechos relevantes para la calificación del procedimiento especial de liquidación, con propuesta de resolución.

En el caso de que el **administrador concursal propusiera que el procedimiento especial de liquidación se calificase como culpable,** en su informe deberá señalar la identidad de las personas a las que deba afectar la calificación y la de las que hayan de ser consideradas cómplices, justificando la causa. De igual forma debe determinar, en su caso, los daños y perjuicios que hayan causado dichas personas, y las demás pretensiones que se consideren procedentes conforme a lo previsto por la ley.

En el caso de que el **administrador concursal propusiera que el procedimiento especial de liquidación se calificase como fortuito,** el juez ordenará el archivo de las actuaciones, salvo que alguno de los acreedores públicos hubiera presentado informe calificando el concurso como culpable. **Contra el auto que ordene el archivo de las actuaciones no cabrá recurso alguno.**

Si el informe de la **administración concursal o el informe de alguno de los acreedores públicos calificaran el procedimiento especial de liquidación como culpable,** se dará traslado del mismo al **deudor,** así como a todas las **demás per-**

sonas que pudieran ser afectadas por la calificación de culpable del procedimiento o declaradas cómplices, para que en el plazo de 15 días hábiles puedan oponerse. Oposición que ha de realizarse mediante escrito de impugnación del informe de la administración concursal que requerirá asistencia de abogado. En caso de oposición, el juez podrá convocar vista.

El juez dictará sentencia sobre la calificación en el plazo de 10 días desde la vista o como máximo dentro de los 20 días siguientes a la presentación de los escritos de oposición. Y en el plazo de 3 días hábiles si no se hubiese presentado oposición.

A los efectos de la calificación del procedimiento especial de liquidación, será de aplicación lo previsto en el libro primero del TRLC para la calificación del concurso y la sentencia de calificación.

Además de las causas previstas en el libro primero para la calificación del concurso como culpable, también se considerará como presunción de culpabilidad, contra la que no cabe prueba en contrario, la provisión de información o documentación gravemente inexacta o falsa.

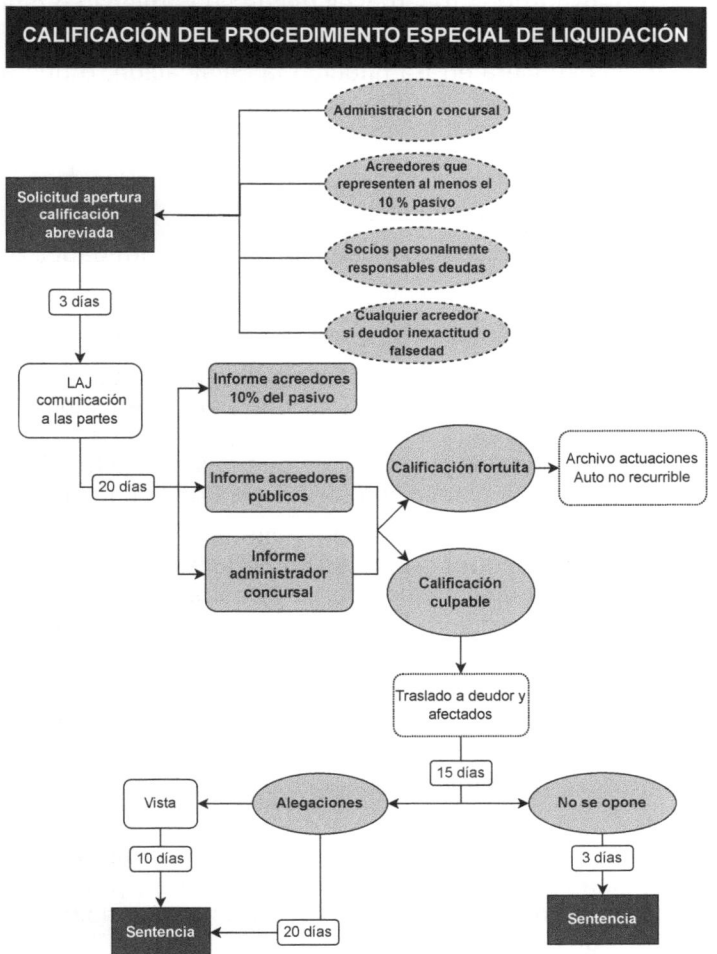

4.5. La conclusión del procedimiento especial de liquidación para microempresas

¿Cómo finaliza el procedimiento especial de liquidación?

La conclusión del procedimiento especial de liquidación se regula en los artículos 719 y 720 del TRLC.

Así, conforme el artículo 719 del TRLC, **el deudor o la administración concursal comunicará electrónicamente el informe final de liquidación, solicitando la conclusión del procedimiento,** dentro de los 10 días hábiles desde la conclusión de la liquidación de la masa activa y del pago a los acreedores, y en todo caso transcurridos tres meses desde su comienzo o cuatro meses en caso de que se hubiese concedido prórroga.

No obstante, si estuviera en tramitación la calificación, o una acción rescisoria o de responsabilidad, el informe final se presentará dentro de los 15 días hábiles siguientes a la notificación de la sentencia.

El informe contendrá:

- Las operaciones de liquidación realizadas.
- Momento de cada operación liquidativa y las cantidades obtenidas.
- Momento y las cuantías satisfechas a los acreedores.
- Una lista de los créditos que quedan por satisfacer.
- Una lista de los activos que aún no hayan podido ser liquidados a través de la plataforma de liquidación. Lista que incluirá los detalles de pago de los acreedores con créditos aún insatisfechos y que será entregada por medios electrónicos que dejen constancia de la entrega y recepción a la plataforma electrónica de liquidación.

Contra el informe final o contra la conclusión del procedimiento especial de liquidación, tanto el **deudor** como los **acreedores podrán presentar oposición** en el plazo de 10 días hábiles desde la comunicación del informe. La oposición se formulará mediante formulario normalizado junto con las alegaciones y los documentos probatorios que se consideren pertinentes. El juez podrá convocar vista, a celebrar dentro de los cinco días siguientes. Al final de la vista, o en los tres días hábiles siguientes, **el juez resolverá la oposición mediante sentencia, contra la que no cabrá recurso.**

La conclusión del procedimiento especial con el archivo de las actuaciones procederá:

- Cuando se considere **cumplido el plan de continuación**. Contra el auto de conclusión del procedimiento especial, **podrá interponerse recurso de reposición por los acreedores que consideren incumplido el plan de continuación.**

- Cuando se hayan **liquidado los bienes y derechos de la masa activa, aplicado lo obtenido en la liquidación a la satisfacción de los créditos**, y se hubiese **presentado informe final sin** que se hubiese formulado **oposición o**, formulada, esta se hubiese **resuelto desfavorablemente.**

- Cuando se compruebe la **insuficiencia de la masa activa** para satisfacer créditos contra la masa.

- Cuando se compruebe el **pago o consignación de la totalidad de los créditos** reconocidos o la **íntegra satisfacción** de los acreedores por cualquier otro medio, **o bien el desistimiento o la renuncia** de la totalidad de los acreedores.

En el caso de que el **deudor sea una persona jurídica**, en el auto de conclusión el juez ordenará la cancelación de la hoja abierta a esa persona jurídica en el registro público en el que figure inscrita, con cierre definitivo de la hoja.

Si el **deudor fuese una persona natural empresario o profesional**, tras la conclusión del procedimiento decaerán las limitaciones sobre las facultades de administración y de disposición, salvo las que, en su caso, se contengan en la sentencia de calificación abreviada, y el deudor seguirá siendo responsable del pago de los créditos insatisfechos, salvo que obtenga la exoneración del pasivo insatisfecho, que podrá solicitar conforme a lo establecido en el libro primero del TRLC, siempre que reúna los requisitos para ello.

> **CUESTIÓN**
>
> **¿Qué ocurre con los bienes del deudor que no se hubieran liquidado íntegramente si se concluye el procedimiento especial de liquidación por insuficiencia de la masa activa?**
>
> Dichos bienes se mantendrán en la plataforma electrónica, que continuará realizando pagos periódicos a los acreedores a medida que se vayan produciendo las ventas de los activos, de acuerdo con las reglas generales del libro primero del TRLC y conforme a la lista final de créditos insatisfechos aportada a la plataforma en el momento de conclusión del procedimiento especial de liquidación. Los gastos necesarios para la conservación de estos bienes se satisfarán también con cargo al producto obtenido de la venta de activos.

5.
RÉGIMEN TRANSITORIO DEL PROCEDIMIENTO ESPECIAL PARA MICROEMPRESAS

¿Cuándo entra en vigor el procedimiento especial para microempresas y qué pueden hacer estas mientras tanto en caso de insolvencia?

Las modificaciones operadas en el TRLC por la Ley 16/2022, de 5 de septiembre, entraron en vigor a los veinte días de su publicación en el BOE, el 26 de septiembre de 2022, con la excepción de la disposición adicional undécima referida a los aplazamientos y fraccionamientos de deudas tributarias por la AEAT, y el **libro tercero del TRLC, referido al procedimiento especial para microempresas, que entraron en vigor el 1 de enero de 2023.** Como excepción de la excepción, **el apartado 2 del artículo 689,** referido **al nombramiento del administrador concursal en los procedimientos especiales para microempresas, no entrará en vigor hasta que se apruebe el reglamento** sobre la administración concursal a que se refiere la disposición transitoria segunda de la Ley 17/2014, de 30 de septiembre, por la que se adoptan medidas urgentes en materia de refinanciación y reestructuración de deuda empresarial.

Dado que el artículo 689, apartado 2, del TRLC no entrará en vigor hasta que se apruebe el citado reglamento, es decir, en fecha indeterminada, la disposición transitoria tercera de la Ley 16/2022, de 5 de septiembre, prevé un **régimen transitorio para el nombramiento del administrador concursal en el procedimiento especial para microempresas.** Así, durante el régimen transitorio, el nombramiento del administrador concursal en el procedimiento especial para microempresas se llevará a cabo de acuerdo con lo dispuesto en el artículo 27 de la Ley Concursal en su redacción anterior a la entrada en vigor de la Ley 17/2014, de 30 de septiembre, por la que se adoptan medidas urgentes en materia de refinanciación y reestructuración de deuda empresarial.

De igual forma, la disposición transitoria segunda de la Ley 16/2022, de 5 de septiembre, prevé un **régimen para el nombramiento de experto para re-**

cabar ofertas de adquisición de la unidad productiva. Así, el régimen transitorio aplicable hasta el 1 de enero de 2023 —fecha de entrada en vigor del libro tercero del TRLC— supone que en caso de probabilidad de insolvencia, los microempresarios, en el sentido dado a este término por el nuevo artículo 685 del TRLC, podrán solicitar el nombramiento de experto para recabar ofertas de adquisición de la unidad productiva.

CUESTIONES

1. ¿Cuál es el régimen transitorio general de la Ley 16/2022, de 5 de septiembre?

Los concursos declarados antes de la entrada en vigor de la Ley 16/2022, de 5 de septiembre, el 26 de septiembre de 2022, se regirán por lo establecido en la legislación anterior (versión del TRLC vigente hasta dicha fecha). No obstante, se regirán por la Ley 16/2022, de 5 de septiembre (versión del TRLC desde 26 de septiembre de 2022):

- El informe de la administración concursal con el inventario y la relación de acreedores elaborada por el administrador concursal que se presenten después de su entrada en vigor.
- Las acciones rescisorias que se ejerciten después de su entrada en vigor.
- Las propuestas de convenio que se presenten después de su entrada en vigor, las adhesiones de los acreedores y la tramitación de la propuesta.
- La modificación del convenio que se solicite después de su entrada en vigor.
- La liquidación de la masa activa cuya apertura hubiera tenido lugar después de su entrada en vigor.
- Las solicitudes de exoneración del pasivo que se presenten después de su entrada en vigor.
- El régimen de calificación del concurso cuando la sección sexta hubiera sido abierta o reabierta después de su entrada en vigor.
- Los recursos a interponer contra las resoluciones del juez del concurso dictadas después de su entrada en vigor.

En el caso de que se trate de un concurso consecutivo a un acuerdo de refinanciación o un acuerdo extrajudicial de pagos que se declaren a partir de la entrada en vigor de la presente ley, se regirá por lo establecido en los artículos 697 a 720 del texto refundido de la Ley Concursal, en la redacción dada por el Real Decreto Legislativo 1/2020, de 5 de mayo.

Por lo que se refiere al juzgado competente, el **artículo 87 de la LOPJ** establece lo siguiente:

«7. Las Secciones de lo Mercantil conocerán, además, de cuantas cuestiones sean de la competencia del orden jurisdiccional civil en materia de concurso de acreedores o acreedoras, cualquiera que sea la condición civil o mercantil de la persona deudora, de los planes de reestructuración y del procedimiento especial para microempresas, en los términos establecidos por el texto refundido de la Ley Concursal, aprobado por Real Decreto Legislativo 1/2020, de 5 de mayo.

En relación con la jurisdicción del juez o de la jueza del concurso:

a) En todo caso será exclusiva y excluyente en las siguientes materias:

1.ª Las acciones civiles con trascendencia patrimonial que se dirijan contra la persona concursada, con excepción de las que se ejerciten en los procesos civiles sobre capacidad, filiación, matrimonio y menores.

2.ª Las ejecuciones relativas a créditos concursales o contra la masa sobre los bienes y derechos de la persona concursada integrados o que se integren en la masa activa, cualquiera que sea el tribunal o la autoridad administrativa que la hubiera ordenado, sin más excepciones que las previstas en la legislación concursal.

3.ª La determinación del carácter necesario de un bien o derecho para la continuidad de la actividad profesional o empresarial de la persona deudora.

4.ª La declaración de la existencia de sucesión de empresa a efectos laborales y de seguridad social en los casos de transmisión de unidad o de unidades productivas y la determinación de los límites de esa declaración conforme a lo dispuesto en la legislación laboral y de seguridad social.

5.ª Las medidas cautelares que afecten o pudieran afectar a los bienes y derechos de la persona concursada integrados o que se integren en la masa activa, cualquiera que sea el tribunal o la autoridad administrativa que la hubiera acordado, excepto las que se adopten en los procesos civiles sobre provisión de medidas de apoyo y otros relativos a personas con discapacidad, filiación, matrimonio y menores.

6.ª Las demás materias establecidas en la legislación concursal.

b) Cuando el deudor o la deudora sea persona natural, la jurisdicción del juez o de la jueza del concurso será también exclusiva y excluyente en las siguientes materias:

1.ª Las que en el procedimiento concursal debe adoptar en relación con la asistencia jurídica gratuita.

2.ª La disolución y liquidación de la sociedad o comunidad conyugal de la persona concursada.

c) Cuando el deudor sea persona jurídica, la jurisdicción del juez o de la jueza del concurso será exclusiva y excluyente en las siguientes materias:

1.ª Las acciones de reclamación de deudas sociales que se ejerciten contra los socios de la sociedad concursada que sean subsidiariamente responsables del pago de esas deudas, cualquiera que sea la fecha en que se hubieran contraído, y las acciones para exigir a los socios de la sociedad concursada el desembolso de las aportaciones sociales diferidas o el cumplimiento de las prestaciones accesorias.

2.ª Las acciones de responsabilidad civil contra los administradores, administradoras, liquidadores o liquidadoras, de derecho o de hecho; contra la persona natural designada para el ejercicio permanente de las funciones propias del cargo de administrador persona jurídica; y contra las personas, cualquiera que sea su denominación, que tengan atribuidas facultades de la más alta dirección de la sociedad cuando no exista delegación permanente de facultades del consejo de administración en uno o varios consejeros delegados o en una comisión ejecutiva, por los daños y perjuicios causados, antes o después de la declaración judicial de concurso, a la persona jurídica concursada. En todo caso, quedará excluida de esta jurisdicción la revisión de las acciones de responsabilidad que ejerzan las Administraciones Públicas en el ejercicio de su autotutela.

3.ª Las acciones de responsabilidad contra los auditores y auditoras por los daños y perjuicios causados, antes o después de la declaración judicial de concurso, a la persona jurídica concursada.

d) La jurisdicción del juez o jueza del concurso es exclusiva y excluyente para conocer de las acciones sociales que tengan por objeto la modificación sustancial de las condiciones de trabajo, el traslado, el despido, la suspensión de contratos y la reducción de jornada por causas económicas, técnicas, organizativas o de producción que, conforme a la legislación laboral y a lo establecido en la legislación concursal, tengan carácter colectivo, así como de las que versen sobre la suspensión o extinción de contratos de alta dirección.

La suspensión de contratos y la reducción de jornada tendrán carácter colectivo cuando afecten al número de trabajadores establecido en la legislación laboral para la modificación sustancial de las condiciones de trabajo con este carácter.

e) La jurisdicción del juez o jueza del concurso se extiende a todas las cuestiones prejudiciales civiles, sin más excepciones que las establecidas en la legislación concursal, las administrativas y las sociales directamente relacionadas con el concurso o cuya resolución sea necesaria para la adecuada tramitación del procedimiento concursal. La decisión sobre estas cuestiones no surtirá efecto fuera del concurso de acreedores en que se produzca».

> **A TENER EN CUENTA**. Lo previsto en el apartado 7 del art. 87 de la LOPJ se encontraba previsto antes de la reforma operada por la LO 1/2025, de 2 de enero, en el art. 86 ter de la LOPJ, el cual queda suprimido con efectos desde el 23/01/2025, pasando a regularse las competencias de las secciones de lo mercantil de los tribunales de instancia (anteriormente juzgados de lo mercantil) en el art. 87 de la LOPJ desde la mencionada fecha.

CUESTIÓN

¿Cuáles son los documentos contables y complementarios que no tiene obligación de presentar el deudor obligado a llevar contabilidad que sea microempresa y presente concurso de acreedores durante el régimen transitorio?

De conformidad con la disposición transitoria segunda de la Ley 16/2022, de 5 de septiembre, aquellos documentos contables y complementarios recogidos en el artículo 8.1 del TRLC. Es decir:

– Las cuentas anuales y, en su caso, los informes de gestión y los informes de auditoría correspondientes a los tres últimos ejercicios finalizados a la fecha de la solicitud, estén o no aprobadas dichas cuentas.

– Una memoria de los cambios significativos operados en el patrimonio con posterioridad a las últimas cuentas anuales formuladas, aprobadas y depositadas.

– Una memoria de las operaciones realizadas con posterioridad a las últimas cuentas anuales formuladas, aprobadas y depositadas que, por su objeto, naturaleza o cuantía hubieran excedido del giro o tráfico ordinario del deudor.

6.
BREVE REFERENCIA A LA SEGUNDA OPORTUNIDAD PARA PERSONAS FÍSICAS MICROEMPRESARIAS

Ámbito de aplicación de la exoneración del pasivo insatisfecho y sus modalidades

La exoneración del pasivo insatisfecho o segunda oportunidad es una «herramienta concursal» que se regula en el **capítulo II del título XI del libro primero del TRLC,** en los **artículos 486 a 502,** a los que la Ley 16/2022, de 5 de septiembre, dotó de una nueva redacción, con entrada en vigor el 26 de septiembre de 2022.

Pueden acceder al mecanismo de la segunda oportunidad y solicitar la exoneración del pasivo insatisfecho, en los términos y condiciones que especifica el texto refundido de la Ley Concursal, los **deudores personas naturales, sean o no empresarios, siempre que se trate de deudores de buena fe** (artículo 486 del TRLC).

La buena fe del deudor constituye, por lo tanto, una pieza central en la exoneración, que se excluirá cuando concurran ciertas circunstancias en el deudor, que la ley enumera de manera taxativa. Así, el **artículo 487 del TRLC contempla una serie de supuestos en los que el deudor no podrá acceder a este mecanismo** (por ejemplo, cuando hubiera sido condenado en sentencia firme, en los 10 años anteriores a la solicitud de exoneración, a penas privativas de libertad por delitos contra el patrimonio y contra el orden socioeconómico, de falsedad documental, contra la Hacienda pública y la Seguridad Social o contra los derechos de los trabajadores, siempre que la pena máxima señalada al delito sea igual o superior a tres años y salvo que en la fecha de presentación de la solicitud de exoneración se hubiera extinguido la responsabilidad criminal y satisfecho las responsabilidades pecuniarias derivadas del delito).

La ley presume que la buena fe del deudor, siendo las conductas enumeradas en el art. 497 del TRLC las que rompan esta presunción y que por tanto han de ser invocadas por los acreedores, así lo ha señalado el Juzgado de lo Mercantil de A Coruña en el **auto, rec. 289/2023, de 13 de noviembre, ECLI:ES:JMC:2023:3714A** que señala:

> «Únicamente el deudor honesto es merecedor de la segunda oportunidad. La ley presume la buena fe del deudor insolvente, siendo las conductas enumeradas en aquel precepto las demostrativas, precisamente, de la ausencia de buena fe. Por tanto, habrán de ser los acreedores quienes invoquen su concurrencia, aunque el juez del concurso está obligado a realizar un control y verificación de los presupuestos y requisitos legales de la exoneración».

RESOLUCIÓN RELEVANTE

Auto del Juzgado de lo Mercantil de Santander n.º 53/2023, de 6 de noviembre, ECLI:ES:JMS:2023:2976A

Asunto: Alcance del examen de oficio del juez del concurso.

«Se plantea la cuestión del alcance del examen de oficio del juez del concurso. La verificación judicial no supone una carga probatoria del deudor de acreditar su «buena fe» (art 486.1 TRLC), que debe presumirse. Este es el sentido de la nueva regulación en la materia.

El deudor no deberá probar que no concurren los supuestos de los art 487 y 488, pero el juez del concurso podrá, a la vista de la documentación aportada y de las "alegaciones" formuladas, no conceder la exoneración. El acceso al EPI se establece no ya como un beneficio, sino como un derecho al que cabe oponer ciertas excepciones, que son las que deberán en su caso probarse por quien esgrima su concurrencia, y hacerlo ante el juez del concurso (art 487.2 TRLC en relación con el art 487.1.6 TRLC).

La regla es por tanto el acceso a la EPI y la buena fe, y la excepción las circunstancias que exceptúan o prohíben ese acceso, cuya acreditación y alegación pasan a descansar fundamentalmente sobre los hombros de los acreedores, sin perjuicio de que de la propia documentación incorporada (o ausente) resulte de modo objetivo la concurrencia de alguna excepción o prohibición, apreciable por el Juez».

Por lo demás, tras la reforma operada por la Ley 16/2022, de 5 de septiembre, se contemplan **dos modalidades posibles de exoneración del pasivo insatisfecho**:

Con sujeción a un plan de pagos sin previa liquidación de la masa activa, conforme al régimen previsto en los artículos 495 y siguientes del TRLC.

O **con liquidación de la masa activa,** sujetándose en este caso la exoneración a los artículos 501 y 502 si la causa de conclusión del concurso fuera la finalización de la fase de liquidación de la masa activa o la insuficiencia de esa masa para satisfacer los créditos contra la masa.

A TENER EN CUENTA. Ambas modalidades tienen un **carácter intercambiable**, lo que supone que el deudor que haya obtenido una exoneración provisional con plan de pagos puede en cualquier momento dejarla sin efecto y solicitar la exoneración con liquidación.

Su aplicación concreta en caso de microempresas

Si bien es cierto que, con carácter general, las **microempresas** solo podrán acudir al procedimiento especial que regula el libro tercero del TRLC y no al concurso ni al preconcurso, sí **podrán, en ciertos casos, solicitar la exoneración del pasivo insatisfecho conforme al libro primero del TRLC**. Se trata de una posibilidad que contemplan los artículos 700 y 715 del TRLC, únicamente para microempresas que sean personas físicas:

> Artículo 700 del TRLC
>
> *«En todos los casos de frustración del plan de continuación, si el deudor fuera persona física, podrá solicitar la exoneración del pasivo insatisfecho conforme a lo establecido en el libro primero».*
>
> Artículo 715 del TRLC
>
> *«En caso de deudor empresario o profesional persona física, una vez terminada la liquidación y distribuido el remanente, podrá el deudor que reúna los requisitos legales para ello solicitar la exoneración del pasivo insatisfecho conforme a lo establecido en el libro primero de esta ley».*

De este modo, puede concluirse que las **microempresas que sean personas físicas** podrán acudir a la segunda oportunidad, conforme a las reglas recogidas en el libro primero del TRLC, en los siguientes supuestos:

En el marco de un **procedimiento especial de continuación**, en todos los **casos de frustración del plan de continuación** (por ejemplo, por falta de aprobación del plan o por rechazo de su homologación por parte del juez).

En el marco de un **procedimiento especial de liquidación**, una vez **terminada la liquidación y distribuido el remanente**.

CUESTIÓN

¿Qué podrá hacer el deudor que sea una persona física microempresa en caso de que, en el marco del procedimiento especial de continuación regulado en el libro tercero del TRLC, el plan de continuación no llegue a buen fin? ¿Puede evitar que se pase directamente a un procedimiento especial de liquidación?

El deudor persona física podrá intentar la exoneración del pasivo insatisfecho a través del cumplimiento de un plan de pagos de acuerdo con el procedimiento previsto en el capítulo II del título XI del libro primero del TRLC y no pasará directamente a un procedimiento especial de liquidación.

Requisito temporal: plazos para sucesivas exoneraciones

Para que pueda presentarse una nueva solicitud de exoneración del pasivo insatisfecho tras otra previa, tendrán que haber transcurrido ciertos **plazos** (artículo 488 del TRLC):

- **Tras una exoneración mediante plan de pagos** será preciso que hayan transcurrido, al menos, **dos años desde la exoneración definitiva**.

- **Tras una exoneración con liquidación de la masa activa** será preciso que hayan transcurrido, al menos, **cinco años desde la resolución que hubiera concedido la exoneración**.

CUESTIÓN

¿Las exoneraciones sucesivas podrán afectar al crédito público?

No, las nuevas solicitudes de exoneración del pasivo insatisfecho nunca alcanzarán al crédito público (artículo 488.3 del TRLC).

El crédito público solo será exonerable, con los límites que establece el artículo 489.1.5.º del TRLC, en la primera exoneración del pasivo insatisfecho, sin que pueda exonerarse ningún importe en las sucesivas exoneraciones que pueda obtener el mismo deudor (artículo 489.3 del TRLC).

Extensión y efectos generales de la exoneración

La exoneración del pasivo insatisfecho **se extenderá a todas las deudas no satisfechas**, aunque con ciertas **excepciones, que contempla el artículo 489 del TRLC**:

– Las deudas por responsabilidad civil extracontractual, por muerte o daños personales, así como por indemnizaciones derivadas de accidente de trabajo y enfermedad profesional, cualquiera que sea la fecha de la resolución que los declare.

– Las deudas por responsabilidad civil derivada de delito.

– Las deudas por alimentos.

– Las deudas por salarios correspondientes a los últimos 60 días de trabajo efectivo realizado antes de la declaración de concurso en cuantía que no supere el triple del salario mínimo interprofesional, así como los que se hubieran devengado durante el procedimiento, siempre que su pago no hubiera sido asumido por el FOGASA.

– Las deudas por créditos de derecho público. No obstante, las deudas para cuya gestión recaudatoria resulte competente la AEAT podrán exonerarse hasta el importe máximo de 10.000 euros por deudor; para los primeros 5.000 euros de deuda la exoneración será integra y, a partir de esta cifra, la exoneración alcanzará el 50 % de la deuda hasta el máximo indicado. Asimismo, las deudas por créditos en seguridad social podrán exonerarse por el mismo importe y en las mismas condiciones. El importe exonerado, hasta el citado límite, se aplicará en orden inverso al de prelación legalmente establecido en el TRLC y, dentro de cada clase, en función de su antigüedad.

– Las deudas por multas a que hubiera sido condenado el deudor en procesos penales y por sanciones administrativas muy graves.

– Las deudas por costas y gastos judiciales derivados de la tramitación de la solicitud de exoneración.

– Las deudas con garantía real sean por principal, intereses o cualquier otro concepto debido, dentro del límite del privilegio especial, calculado conforme a lo establecido en esta ley.

Además, el **juez podrá declarar excepcionalmente que no son total o parcialmente exonerables deudas distintas de las anteriores cuando sea**

necesario para evitar la insolvencia del acreedor afectado por la extinción del derecho de crédito.

Tras la reforma llevada a cabo por la Ley 16/2022, de 5 de septiembre, el acceso a la exoneración ya no queda supeditado al pago de un umbral de pasivo mínimo, sino que se extiende a todas las deudas no satisfechas, sin perjuicio de las excepciones previstas en el art. 489 del TRLC. En este sentido se ha pronunciado el Juzgado de lo mercantil de A Coruña en el **auto, rec. 348/2023, de 14 de noviembre, ECLI:ES:JMC:2023:3715A** el cual señala:

> «En cuanto a la extensión de la exoneración, con la reforma operada por la Ley 16/2022, el acceso a la exoneración no queda supeditado al pago de un umbral de pasivo mínimo, lo que constituye una diferencia fundamental respecto de la regulación en el Derecho previgente.
>
> El art. 489 TRLC proclama que la exoneración se extenderá a la totalidad de las deudas insatisfechas, salvo las específicamente enumeradas en este precepto. Nos encontramos ante deudas que se elevan a la condición de pasivo no exonerable, con independencia de cuál sea su naturaleza y clasificación crediticia dentro del concurso.
>
> Ello permite a los titulares de estos créditos ejercitar acciones contra el deudor y promover la ejecución judicial o extrajudicial, por lo que no se verán afectados, en ningún caso, por la concesión de la exoneración (art. 490 TRLC). Dado que el art. 489 TRLC se ubica en la sección dedicada a los elementos comunes de la exoneración, debe quedar claro que se aplica cualquiera que sea la vía de acceso utilizada por el deudor. De hecho, durante el plazo de cumplimiento del plan de pagos, si el deudor hubiera optado por esta modalidad, los titulares de deuda no exonerable pueden ejercitar acciones declarativas y de ejecución, aunque el art. 499.2 TRLC atribuye la competencia para su conocimiento al juez del concurso.
>
> Por el contrario, las deudas que comparten la naturaleza de pasivo exonerable —que son todas las que no encajan en alguna de las categorías del art. 489— quedarán extinguidas (rectius, devendrán inexigibles), por razón de la exoneración. Y, en el caso de exoneración mediante plan de pagos, esta se extenderá a la parte del pasivo exonerable que, conforme al plan, vaya a quedar insatisfecha».

Por lo demás, los **artículos 490 a 492 ter del TRLC regulan los efectos de la exoneración del pasivo insatisfecho**, de entre los cuales cabe destacar los que se producen en relación con los acreedores y los bienes conyugales:

Efectos con respecto a los acreedores. Los acreedores cuyos créditos se extingan como consecuencia de la exoneración no podrán ejercer ninguna acción frente al deudor para su cobro, salvo la de solicitar la revocación de la exoneración; mientras que los acreedores por créditos no exonerables conservarán sus acciones contra el deudor y podrán promover su ejecución.

Efectos con respecto a los bienes conyugales. En caso de gananciales u otro régimen económico matrimonial de comunidad, la exoneración que afecte a deudas gananciales contraídas por el cónyuge del concursado o por ambos cónyuges no se extenderá a aquel, en tanto no haya obtenido él mismo el beneficio de la exoneración del pasivo insatisfecho.

CUESTIONES

1. ¿La exoneración del pasivo insatisfecho afectará a los avalistas del deudor?

No. De conformidad con el artículo 492.1 del TRLC, la exoneración no afectará a los derechos de los acreedores frente a los obligados solidariamente con el deudor y frente a sus fiadores, avalistas, aseguradores, hipotecante no deudor o quienes, por disposición legal o contractual, tengan obligación de satisfacer todo o parte de la deuda exonerada, quienes no podrán invocar la exoneración del pasivo insatisfecho obtenido por el deudor.

2. ¿Se regulan los efectos de la exoneración con respecto a las deudas con garantía real?

Sí, esta cuestión la contempla el artículo 492 bis del TRLC.

3. ¿Cabe la revocación de la concesión de la exoneración del pasivo insatisfecho?

Sí, la posibilidad de revocación de la exoneración del pasivo insatisfecho se regula en los artículos 493 a 493 ter del TRLC.

Cualquier acreedor afectado por la exoneración podrá solicitar del juez del concurso la revocación de la exoneración del pasivo insatisfecho en los supuestos que especifica el artículo 493.1 del TRLC:

– Si se acreditara que el deudor ha ocultado la existencia de bienes, derechos o ingresos.

– Si, durante los tres años siguientes a la exoneración con liquidación de la masa activa, o a la exoneración provisional, en caso de plan de pagos, mejorase sustancialmente la situación económica del deudor por causa de herencia, legado o donación, o por juego de suerte, envite o azar, de manera que pudiera pagar la totalidad o al menos una parte de los créditos exonerados. En caso de que la posibilidad de pago fuera parcial, la revocación de la exoneración solo afectará a esa parte.

– Si en el momento de la solicitud estuviera en tramitación un procedimiento penal o administrativo de los previstos en los ordinales 1.º y 2.º del artículo 487.1 del TRLC, y dentro de los tres años siguientes a la exoneración en caso de inexistencia o liquidación de la masa activa, o a la exoneración provisional en caso de plan de pagos, recayera sentencia condenatoria firme o resolución administrativa firme.

Ahora bien, conviene destacar que la revocación no podrá solicitarse una vez pasados tres años desde la exoneración con liquidación de la masa activa o desde la exoneración provisional en caso de plan de pagos (artículo 493.2 del TRLC).

Mención especial de las dos modalidades posibles de exoneración del pasivo insatisfecho

El **artículo 486 del TRLC** introduce dos posibles modalidades de exoneración del pasivo insatisfecho, en los siguientes términos:

«El deudor persona natural, sea o no empresario, podrá solicitar la exoneración del pasivo insatisfecho en los términos y condiciones establecidos en esta ley, siempre que sea deudor de buena fe:

1.º **Con sujeción a un plan de pagos sin previa liquidación de la masa activa,** conforme al régimen de exoneración contemplado en la subsección 1.ª de la sección 3.ª siguiente; o

2.º **Con liquidación de la masa activa** sujetándose en este caso la exoneración al régimen previsto en la subsección 2.ª de la sección 3.ª siguiente si la causa de conclusión del concurso fuera la finalización de la fase de liquidación de la masa activa o la insuficiencia de esa masa para satisfacer los créditos contra la masa».

Veamos, a grandes rasgos, en qué consiste cada una de ellas.

|| La exoneración mediante plan de pagos

En la primera de las modalidades de esta figura, el deudor podrá solicitar la exoneración del pasivo con sujeción a un plan de pagos y sin liquidación de la masa activa.

Su régimen se desarrolla en los **artículos 495 a 500 bis del TRLC**.

NOTAS BÁSICAS DE LA EXONERACIÓN CON PLAN DE PAGOS

SOLICITUD
Podrá presentarse en **cualquier momento antes de que el juez acuerde la liquidación** de la masa activa

LA PROPUESTA DEL PLAN DE PAGOS
- **Deberá contener** una relación detallada de los ingresos y recursos previsibles del deudor para satisfacer la deuda exonerable, deuda no exonerable y las nuevas obligaciones (en especial, las de alimentos, subsistencia del deudor y las generadas por su actividad); así como el calendario de pagos.
- **Deberá acompañar** cierta documentación fiscal.
Importante: no podrá consistir en la liquidación total del patrimonio ni alterar el orden de pago de los créditos legalmente establecidos, salvo consentimiento expreso de los acreedores omitidos o postergados.

DURACIÓN DEL PLAN DE PAGOS
- **3 AÑOS** con carácter general, a contar desde la aprobación judicial.
- O bien **5 AÑOS** en los siguientes casos:
  - Cuando no se realice la vivienda habitual del deudor o su familia, cuando corresponda.
  - Cuando el importe de los pagos dependa, exclusiva o fundamentalmente, de la evolución de la renta y recursos disponibles del deudor.

Traslado a los acreedores personados para que presenten **ALEGACIONES** (plazo 10 días)

El **JUEZ DENEGARÁ O CONCEDERÁ PROVISIONALMENTE LA EXONERACIÓN** aprobando el plan de pagos propuesto o con las modificaciones que considere, previo examen de los presupuestos y requisitos.

Posibilidad de **IMPUGNACIÓN del plan de pagos** por parte de cualquier acreedor afectado (plazo 10 días siguientes)

EFECTOS DE LA EXONERACIÓN PROVISIONAL
- La resolución judicial que la conceda producirá efectos desde el término del plazo para la impugnación, si no se impugna, o desde la fecha de la sentencia que rechace la impugnación.
- Cesarán todos los efectos de la declaración de concurso, que quedarán sustituidos por los previstos en el plan de pagos, aunque se mantienen los deberes de información y colaboración del deudor hasta la exoneración definitiva.

POSIBILIDAD DE REVOCACIÓN
- Podrá **revocarse la exoneración provisional**, además de por el incumplimiento del plan de pagos, si se evidencia que el deudor no hubiese destinado toda la renta y recursos efectivos correspondientes a satisfacer la deuda exonerable cuando los pagos del plan dependan exclusiva o fundamentalmente de la evolución de la renta y los recursos disponibles del deudor.
- La revocación supone la **resolución del plan de pagos y de sus efectos sobre los créditos, procediéndose a la apertura de la liquidación**. Sin embargo, los actos realizados en ejecución del plan tendrán plenos efectos, salvo en caso de fraude, contravención del plan o alteración de la igualdad de trato de los acreedores.

- Pasado el plazo fijado para el cumplimiento del plan de pagos sin revocarse la exoneración, el juez dictará **AUTO CONCEDIENDO LA EXONERACIÓN DEFINITIVA**. También lo hará en ciertos casos en que el incumplimiento pudiese estar justificado por las circunstancias (por ej. enfermedad), previa audiencia de los acreedores.
- La **resolución se publicará en el Registro Público Concursal**.

CUESTIÓN

¿Es posible el cambio de la modalidad de exoneración?

Sí. El artículo 500 bis del TRLC contempla expresamente esta posibilidad: el deudor que hubiera solicitado y obtenido la exoneración provisional mediante un plan de pagos podrá dejarla sin efecto, solicitando la exoneración con liquidación de la masa activa; y, además, si se hubiera revocado la exoneración provisional o no procediera la exoneración definitiva con un plan de pagos, también podría solicitar la exoneración del pasivo insatisfecho con liquidación de la masa activa.

|| La exoneración con liquidación de la masa activa

Esta modalidad de la exoneración se regula en los **artículos 501 y 502 del TRLC**.

El concursado podrá presentar ante el juez del concurso solicitud de exoneración del pasivo insatisfecho en los **casos de concurso sin masa en los que no se hubiera acordado la liquidación de la masa activa**, así como en los supuestos de **insuficiencia sobrevenida de la masa activa para satisfacer todos los créditos contra la masa** y en los que, **liquidada la masa activa, el líquido obtenido fuera insuficiente para el pago de todos los créditos concursales reconocidos**.

CUESTIÓN

¿Cuál será la tramitación básica de la solicitud de exoneración del pasivo insatisfecho con liquidación de la masa activa?

Se dará traslado de la solicitud a la administración concursal y a los acreedores personados para que aleguen lo que estimen oportuno. Si estos mostrasen su conformidad o no se opusieran a ella, el juez concederá la exoneración en la resolución en la que declare la conclusión del concurso, previa verificación de la concurrencia de los presupuestos y requisitos necesarios para ello. De haberse formulado oposición, la misma se sustanciará por el trámite del incidente concursal.

ANEXO.
FORMULARIOS

Formulario de declinatoria para impugnar la resolución de apertura del procedimiento especial concursal para microempresas

AL JUZGADO DE LO MERCANTIL N.º [NÚMERO] DE [LOCALIDAD] (4)

Procedimiento n.º [NÚMERO/AÑO]

D./D.ª [NOMBRE_PROCURADOR_CLIENTE], procurador/a de los Tribunales con n.º de colegiado [NÚMERO_COLEGIADO] del Ilustre Colegio de Procuradores de [LOCALIDAD], actuando en nombre y representación de [DATOS], según se acredita a través de poder para pleitos que se adjunta como documento n.º [NÚMERO], bajo la dirección letrada de D./D.ª [NOMBRE_ABOGADO], abogado/a colegiado/a n.º [NÚMERO_COLEGIADO] del Ilustre Colegio de Abogados de [LOCALIDAD], ante el juzgado comparezco y como mejor proceda en derecho,

DIGO

Que en [FECHA] hemos conocido auto de [FECHA] por el que se declara la apertura del procedimiento especial de continuación/liquidación [ELEGIR_LO_QUE_PROCEDA] de [NOMBRE_MICROEMPRESA] y, de acuerdo con el artículo 692.3 del Real Decreto 1/2020, de 5 de mayo, por el que se aprueba el texto refundido de la Ley Concursal (TRLC), por medio de este escrito vengo a **IMPUGNAR DICHA RESOLUCIÓN MEDIANTE DECLINATORIA POR FALTA DE COMPETENCIA TERRITORIAL**.

Todo ello, en base a los siguientes,

HECHOS

PRIMERO.- Mediante formulario normalizado presentado el [FECHA], el acreedor/deudor (1) solicitó del juzgado a que se dirige este escrito la apertura del procedimiento especial de continuación/liquidación para microempresas, sobre la base el artículo 691 ter del TRLC.

SEGUNDO.- En fecha [FECHA], dicho juzgado dictó auto de apertura del procedimiento especial de continuación/liquidación, con remisión al Registro público concursal para su publicación en el mismo.

Dicha publicación se produjo el día [FECHA].

TERCERO.- Mi mandante/El deudor [SEGÚN PROCEDA] tiene su centro de intereses principales sito en [ESPECIFICAR_DIRECCIÓN], en el que ejerce de modo habitual y reconocible su actividad económica (2). Así se acredita a través del certificado tributario de situación censal (3), que se acompaña como documento n.º [NÚMERO] y en el que constan tanto el domicilio como el lugar en el que desarrolla su actividad económica.

En esa medida, **la competencia territorial para conocer de este procedimiento no correspondería al Juzgado de lo Mercantil de** [LUGAR], al que se dirige la presente y que es el que ha dictado la resolución de apertura, **sino al Juzgado de lo Mercantil de** [LUGAR], como correspondiente al centro de intereses principales de mi mandante/ del deudor [SEGÚN PROCEDA] y que, además, también coincide con el de su lugar de domicilio (artículos 45 y 691 quater del TRLC).

CUARTO.- Se interpone la declinatoria dentro del plazo de 10 días a contar desde la publicación en el Registro público concursal del auto de apertura (artículo 692.4 del TRLC).

A los anteriores hechos les son de aplicación los siguientes,

FUNDAMENTOS DE DERECHO

I.- JURISDICCIÓN Y COMPETENCIA

Resulta competente para conocer el Juzgado al que se dirige este escrito, por ser el que está conociendo del asunto y al que se considera carente de competencia territorial (artículo 63.2 de la LEC).

II.- CAPACIDAD Y LEGITIMACIÓN

Mi mandante tiene capacidad suficiente a este respecto, de conformidad con los artículos 6 y concordantes de la LEC, así como legitimación, de acuerdo con el artículo 10 de la LEC.

III.- POSTULACIÓN Y DEFENSA

Esta parte actúa representada por procurador/a y asistida de abogado/a, de conformidad con el artículo 687.6 del TRLC, a cuyo tenor «la participación del deudor en el procedimiento especial requerirá asistencia letrada y representación procesal mediante procurador»./ Esta parte actúa representada por procurador/a y asistida de abogado/a.

IV.- PROCEDIMIENTO

La declinatoria interpuesta ha de tramitarse según lo previsto en el artículo 692 del TRLC y concordantes; así como teniendo en cuenta lo establecido en los artículos 689 y 51 del TRLC, y en los artículos 63 y siguientes de la LEC, en lo que puedan resultar aplicables.

V.- PLAZO

Se formula la declinatoria dentro del plazo de diez días a contar desde la publicación de la resolución de apertura del procedimiento especial en el Registro público concursal, tal y como exige el artículo 692.3 del TRLC.

VI.- FONDO DEL ASUNTO

El artículo 691 *quater*.1 del TRLC establece que será competente en el procedimiento especial para microempresas el juez que correspondería en caso de concurso de acreedores, quien a su vez también tendrá competencia para conocer de cualquier incidente que se suscite en el marco de dicho procedimiento especial.

De tal modo, serán competentes los juzgados de lo mercantil (artículo 44 del TRLC) y, desde el punto de vista territorial, según el **artículo 45 del TRLC**:

«**1. La competencia para declarar y tramitar el concurso corresponde al juez en cuyo territorio tenga el deudor el centro de sus intereses principales.** Por centro de los intereses principales se entenderá el lugar donde el deudor ejerce de modo habitual y reconocible por terceros la administración de tales intereses.

2. En caso de deudor persona jurídica, se presume que el centro de sus intereses principales se halla en el lugar del domicilio social. Será ineficaz a estos efectos el cambio de domicilio inscrito en el Registro mercantil dentro de los seis meses anteriores a la solicitud del concurso, cualquiera que sea la fecha en que se hubiera acordado o decidido.

3. Si el domicilio del deudor y el centro de sus intereses principales radicara en territorio español, aunque en lugares diferentes, será también competente, a elección del acreedor solicitante, el juez en cuyo territorio radique el domicilio».

Por lo tanto, en este caso no resulta competente para conocer del procedimiento especial el Juzgado de lo Mercantil de [LUGAR], que es el que dictó el auto de apertura del mismo, sino el Juzgado de lo Mercantil de [LUGAR], como correspondiente a lugar donde tiene ubicados [NOMBRE_MICROEMPRESA], tanto su centro de intereses principales como su domicilio.

VII.- COSTAS

Habrán de imponerse a la adversa.

En virtud de lo expuesto,

SUPLICO AL JUZGADO:

Que tenga por presentado este escrito junto con sus documentos, se admitan uno y otros, se tenga por impugnada la resolución de apertura del procedimiento especial de continuación/liquidación mediante la interposición de **DECLINATORIA POR FALTA DE COMPETENCIA TERRITORIAL;** y, previos los trámites de rigor, se dicte resolución por la que se estime la declinatoria presentada, determinándose la falta de competencia territorial para conocer de este procedimiento especial del Juzgado de lo Mercantil de [LUGAR] por corresponder tal competencia al Juzgado de lo Mercantil de [LUGAR], con inhibición en favor de este último y todo lo demás que resulte procedente en derecho.

Es justicia que pido en [LUGAR], a [DÍA] de [MES] de [AÑO].

Letrado D./D.ª [NOMBRE]

[NÚMERO_COLEGIADO ABOGADO_CLIENTE]

Procurador D./D.ª [NOMBRE]

[NÚMERO_COLEGIADO_PROCURADOR_CLIENTE]

OTROSÍ DIGO: siendo voluntad de esta parte la de cumplir con todos los requisitos legales que pudieran ser necesarios, solicitamos que, al amparo del artículo 231 de la LEC, se nos dé traslado de cualquier defecto del que pudiera adolecer la presente, para su inmediata subsanación.

En su virtud,

SUPLICO NUEVAMENTE AL JUZGADO:

Que se tenga por hecha la anterior manifestación y se obre en conformidad.

En [LUGAR], a [DÍA] de [MES] de [AÑO].

Letrado D./D.ª [NOMBRE]

[NÚMERO_COLEGIADO ABOGADO_CLIENTE]

Procurador D./D.ª [NOMBRE]

[NÚMERO_COLEGIADO_PROCURADOR_CLIENTE]

---

(1) Especificar, en su caso, quién fue el solicitante.

(2) De tratarse de una persona jurídica, en este punto se haría referencia a su domicilio social.

(3) En su caso, podría aportarse otra documentación que acreditase de manera suficiente dónde se sitúan el domicilio y el centro de intereses principales de la microempresa o del microempresario (por ejemplo, si procede, mediante certificación expedida por el registro mercantil u otra documentación fiscal o mercantil pertinente).

(4) Por la reforma realizada por la LO 1/2025, de 2 de enero, una vez implantados de forma efectiva los tribunales de instancia (D.T. 1.ª), todas las referencias realizadas a los juzgados unipersonales se entenderán realizadas a las secciones del orden jurisdiccional correspondiente de los tribunales de instancia.

Escrito de impugnación del auto de homologación del plan de continuación para microempresas

AL JUZGADO DE LO MERCANTIL N.º [NÚMERO] DE [LOCALIDAD] (4)

PARA ANTE LA AUDIENCIA PROVINCIAL DE [LOCALIDAD]

D./D.ª [NOMBRE_PROCURADOR], procurador/a de los Tribunales con n.º de colegiado [NÚMERO_COLEGIADO] del Ilustre Colegio de Procuradores de [LOCALIDAD], actuando en nombre y representación de [DATOS_CLIENTE], según se acredita a través de poder para pleitos que se adjunta como documento n.º [NÚMERO]; bajo la dirección letrada de D./D.ª [NOMBRE_ABOGADO], abogado/a colegiado/a n.º [NÚMERO_COLEGIADO] del Ilustre Colegio de Abogados de [LOCALIDAD], comparezco y como mejor proceda en derecho,

DIGO

Que, por medio del presente escrito, venimos a formalizar, en tiempo y forma, al amparo del artículo 698 quater del Real Decreto 1/2020, de 5 de mayo, por el que se aprueba el texto refundido de la Ley Concursal (TRLC), **IMPUGNACIÓN DEL AUTO DE HOMOLOGACIÓN DEL PLAN DE CONTINUACIÓN** dictado en el marco del procedimiento especial de continuación para microempresas de [ESPECIFICAR_DATOS_MICROEMPRESA_O_MICROEMPRESARIO_Y_REFERENCIA_DEL_PROCEDIMIENTO].

Y, ello, en base a los siguientes,

HECHOS

PRIMERO.- Con fecha [FECHA_AUTO], el Juzgado de lo Mercantil n.º [NÚMERO] de [LOCALIDAD] dictó auto de homologación del plan de continuación en el marco del procedimiento especial de continuación n.º [ESPECIFICAR], seguido ante el mismo y relativo a [ESPECIFICAR_DATOS_MICROEMPRESA_O_MICROEMPRESARIO]. Dicho auto fue publicado en el Registro público concursal con fecha [FECHA].

Adjuntamos al presente escrito, como documento n.º [NÚMERO], copia del referido auto.

SEGUNDO.- Mi mandante votó en contra del plan de continuación cuya homologación ahora se impugna y es titular de un crédito afectado por el mismo, según se acredita a través de [ESPECIFICAR_SI_SE_APORTA_DOCUMENTACIÓN_A_ESTE_RESPECTO,_DE_ESTIMARSE_NECESARIO] (1).

TERCERO.- A juicio de esta parte, y de acuerdo a lo dispuesto en el artículo 698 bis del TRLC y concordantes, no concurren los requisitos que permiten la homologación judicial del plan de continuación, por las siguientes razones (2):

- [ESPECIFICAR].

Así las cosas, resulta evidente que el plan de continuación no cumple con los requisitos que el TRLC exige y, por lo tanto, que no procede su homologación judicial.

A los anteriores hechos les son de aplicación los siguientes,

FUNDAMENTOS DE DERECHO

I.- JURISDICCIÓN Y COMPETENCIA

Por aplicación de los artículos 44, 45, 690 y 691 quater.1 del TRLC, y del artículo 87 de la Ley Orgánica del Poder Judicial (LOPJ), resultan competentes para conocer del concurso (y del procedimiento especial para microempresas) los juzgados de lo mercantil; y, en concreto, aquel al que se dirige este escrito.

De acuerdo con lo dispuesto en los artículos 45 y 698 quater del TRLC, es competente para conocer de la presente impugnación la Audiencia Provincial de [LOCALIDAD].

II.- CAPACIDAD Y LEGITIMACIÓN

Las partes tienen capacidad suficiente a este respecto, de conformidad con los artículos 6 y concordantes de la LEC, así como legitimación, de acuerdo con el artículo 10 de la LEC.

Además, mi mandante es titular de un crédito afectado por el plan de continuación cuya homologación ahora se impugna y votó en contra del mismo (3), según exige el artículo 698 quater.1 del TRLC.

III.- POSTULACIÓN Y DEFENSA

Esta parte actúa representada por procurador/a y asistida de abogado/a.

IV.- PLAZO

Se presenta la impugnación del auto de homologación del plan de continuación dentro del plazo de los 15 días siguientes a la publicación de dicho auto en el Registro público concursal, tal y como requiere el artículo 698 quater.1 del TRLC.

V.- PROCEDIMIENTO

Este procedimiento se sustanciará teniendo en cuenta lo previsto en los artículos 687 y 698 *quater* del TRLC, así como de conformidad con los demás preceptos concordantes que resulten de aplicación; habida cuenta, en especial, del régimen supletorio que contempla el artículo 689 del TRLC por remisión a los libros primero y segundo del TRLC.

VI.- FONDO DEL ASUNTO

El **artículo 698** *quater* **del TRLC** contempla la posibilidad de que los acreedores públicos y los titulares de créditos afectados por el plan de continuación que hubiesen votado en contra del plan puedan impugnar el auto de homologación. Su tenor es el siguiente:

> «1. El auto de homologación del plan de continuación podrá ser impugnado ante la Audiencia Provincial dentro de los quince días siguientes a la publicación del auto en el Registro público concursal, por los titulares de créditos afectados que hayan votado en contra del plan y por los acreedores públicos.
> 2. La impugnación del auto de homologación del plan carecerá en todo caso de efectos suspensivos».

Asimismo, también conviene tener en cuenta lo que establecen los artículos 698 bis y ter del TRLC con respecto a la homologación del plan de continuación:

> Artículo 698 bis del TRLC
> «1. Una vez aprobado el plan por los acreedores, el deudor o los acreedores titulares de créditos afectados por el plan podrán solicitar que el juez se pronuncie sobre la homologación del plan dentro de los diez días hábiles siguientes a la

notificación de la certificación del resultado favorable a la aprobación en el procedimiento escrito.

2. Si, trascurrido el plazo previsto en el apartado anterior, ni el deudor ni ningún acreedor solicitare un pronunciamiento judicial expreso sobre la homologación, el plan se considerará tácitamente homologado. En caso de considerarlo necesario, el deudor o cualquier interesado podrá obtener una declaración de homologación tácita del plan de continuación del juzgado competente.

3. La homologación tácita no será posible cuando la aprobación del plan se haya conseguido con una mayoría del pasivo cuyo voto se ha considerado positivo por ausencia de voto, según se establece en el artículo precedente. Esta homologación expresa será obligatoria cuando se incluyan créditos de los acreedores públicos en el plan.

4. La solicitud de pronunciamiento judicial sobre la homologación se realizará mediante presentación de formulario normalizado, junto con las alegaciones que se consideren oportunas. Una vez recibida la solicitud, el letrado de la Administración de Justicia dará traslado al deudor y al resto de los acreedores para que, en el plazo de quince días hábiles, manifiesten lo que consideren oportuno. Si lo considera necesario, el juez podrá convocar a las partes a una vista. Transcurrido el plazo de alegaciones o, en su caso, la celebración de la vista, el juez dictará auto homologando o rechazando la homologación del plan en un plazo máximo de diez días hábiles.

5. El juez podrá solicitar un informe de un experto en la reestructuración sobre el valor del deudor como empresa en funcionamiento cuando lo considere necesario, y, en todo caso, cuando una clase de acreedores afectados por el plan haya votado en contra. En este supuesto, el plazo máximo para resolver será de veinte días hábiles.

6. El juez procederá a homologar el plan siempre que se cumplan cumulativamente los siguientes requisitos:

1.º Que el deudor se encuentre en probabilidad de insolvencia, insolvencia inminente o insolvencia actual y el plan ofrezca una perspectiva razonable de asegurar la viabilidad de la empresa en el corto y medio plazo.

2.º Se hayan observado los requisitos procesales y se hayan alcanzado las mayorías necesarias previstas para el procedimiento especial de continuación.

3.º Que los créditos dentro de la misma clase sean tratados de forma paritaria.

4.º Que el plan supere la prueba del interés superior de los acreedores, de acuerdo con las reglas del libro segundo.

5.º Que, en el caso de que el plan no haya sido aprobado por una clase de acreedores, el plan sea justo y equitativo. Como regla general se entenderá que el plan es justo y equitativo cuando la clase de acreedores que haya votado en contra reciba un trato más favorable que cualquier clase de rango inferior, el plan sea imprescindible para asegurar la viabilidad de la empresa y los créditos de los acreedores afectados no se vean perjudicados injustificadamente.

6.º Cuando se haya concedido o se vaya a conceder financiación al deudor en virtud del plan de continuación, que dicha financiación sea necesaria para asegurar la viabilidad de la empresa y no perjudique injustificadamente los intereses de los acreedores.

7.º Se hayan observado los requisitos y efectos previstos en este libro respecto de los acreedores públicos y el deudor se encuentre al corriente en el pago de las deudas tributarias y de seguridad social devengadas que hayan surgido con posterioridad a la solicitud de apertura del procedimiento especial de continuación».

Artículo 698 ter del TRLC

«El auto de homologación del plan de continuación se publicará de inmediato en el Registro público concursal».

En este caso, según ya se razonó en el Hecho tercero de este escrito, esta parte considera que no concurren los requisitos necesarios para la homologación judicial del plan de continuación. No en vano, [DESARROLLAR].

VII.- COSTAS

Las costas ocasionadas en la tramitación de esta impugnación habrán de serle impuestas a la adversa en atención al principio del vencimiento objetivo que recoge el artículo 394 de la LEC.

En virtud de todo lo expuesto,

SUPLICO AL JUZGADO:

Que se tenga por presentado este escrito junto con sus documentos, se admitan uno y otros, se tenga por formulada la presente IMPUGNACIÓN DEL AUTO DE HOMOLOGACIÓN DEL PLAN DE CONTINUACIÓN y, previos los trámites oportunos, se remitan los autos a la Audiencia Provincial de [LOCALIDAD].

SUPLICO A LA SALA:

Que, previos los trámites legales que procedan, se dicte resolución por la que se estime la impugnación formulada, se actúe en consecuencia, con todo lo demás que resulte procedente en derecho, y con expresa imposición de costas a la adversa.

Es justicia que pido en [LUGAR], a [DÍA] de [MES] de [AÑO].

Letrado D./D.ª [NOMBRE]

[NÚMERO_COLEGIADO ABOGADO_CLIENTE]

Procurador D./D.ª [NOMBRE]

[NÚMERO_COLEGIADO_PROCURADOR_CLIENTE]

OTROSÍ DIGO: siendo voluntad de esta parte la de cumplir con todos los requisitos legales que pudieran ser necesarios, solicitamos que, al amparo del artículo 231 de la LEC, se nos dé traslado de cualquier defecto del que pudiera adolecer la presente, para su inmediata subsanación.

En su virtud,

SUPLICO NUEVAMENTE AL JUZGADO Y A LA SALA:

Que se tenga por hecha la anterior manifestación y se obre en conformidad.

En [LUGAR], a [DÍA] de [MES] de [AÑO].

Letrado D./D.ª [NOMBRE]

[NÚMERO_COLEGIADO ABOGADO_CLIENTE]

Procurador D./D.ª [NOMBRE]

[NÚMERO_COLEGIADO_PROCURADOR_CLIENTE]

---

(1) El auto de homologación del plan de continuación podrá ser impugnado ante la Audiencia Provincial por los titulares de créditos afectados que hubiesen votado en contra del plan y por los acreedores públicos (artículo 698 quater del TRLC). En caso de tratarse de un acreedor

público, se especificaría en este punto (para él no se exige que hubiese votado en contra del plan).

(2) En el marco del procedimiento especial de continuación para microempresas, una vez aprobado el plan de continuación por los acreedores, el deudor o los acreedores titulares de créditos por él afectados podrán solicitar que el juez se pronuncie sobre su homologación dentro de los 10 días hábiles siguientes a la notificación de la certificación favorable a la aprobación (artículo 698 bis.1 del TRLC).

Con todo, transcurrido ese plazo sin que se solicitase un pronunciamiento expreso sobre la homologación, el plan se considerará tácitamente homologado. Ahora bien, tal homologación tácita no será posible:

Cuando la aprobación del plan se hubiese conseguido con una mayoría del pasivo cuyo voto se considerase positivo por ausencia de voto.

También será obligatoria la homologación expresa cuando se incluyan créditos de los acreedores públicos en el plan.

De cara a la impugnación de la homologación del plan de continuación, conviene tener en cuenta que, una vez solicitada la homologación y tramitada la misma conforme prevé el artículo 698 bis del TRLC, el apartado 6 de dicho precepto indica que el juez procederá a homologar el plan siempre que se cumplan, de manera acumulada, los siguientes requisitos:

«1.º Que el deudor se encuentre en probabilidad de insolvencia, insolvencia inminente o insolvencia actual y el plan ofrezca una perspectiva razonable de asegurar la viabilidad de la empresa en el corto y medio plazo.

2.º Se hayan observado los requisitos procesales y se hayan alcanzado las mayorías necesarias previstas para el procedimiento especial de continuación.

3.º Que los créditos dentro de la misma clase sean tratados de forma paritaria.

4.º Que el plan supere la prueba del interés superior de los acreedores, de acuerdo con las reglas del libro segundo.

5.º Que, en el caso de que el plan no haya sido aprobado por una clase de acreedores, el plan sea justo y equitativo. Como regla general se entenderá que el plan es justo y equitativo cuando la clase de acreedores que haya votado en contra reciba un trato más favorable que cualquier clase de rango inferior, el plan sea imprescindible para asegurar la viabilidad de la empresa y los créditos de los acreedores afectados no se vean perjudicados injustificadamente.

6.º Cuando se haya concedido o se vaya a conceder financiación al deudor en virtud del plan de continuación, que dicha financiación sea necesaria para asegurar la viabilidad de la empresa y no perjudique injustificadamente los intereses de los acreedores.

7.º Se hayan observado los requisitos y efectos previstos en este libro respecto de los acreedores públicos y el deudor se encuentre al corriente en el pago de las deudas tributarias y de seguridad social devengadas que hayan surgido con posterioridad a la solicitud de apertura del procedimiento especial de continuación».

(3) Indicar lo expresado en el formulario, o bien, de ser lo procedente, que se tiene la condición de acreedor público.

(4) Por la reforma realizada por la LO 1/2025, de 2 de enero, una vez implantados de forma efectiva los tribunales de instancia (D.T. 1.ª), todas las referencias realizadas a los juzgados unipersonales se entenderán realizadas a las secciones del orden jurisdiccional correspondiente de los tribunales de instancia.

Escrito de impugnación del informe de calificación abreviada en el procedimiento especial concursal de microempresas

AUTOS: [NÚMERO]

EMPRESA: [NOMBRE_EMPRESA]

AL JUZGADO DE LO MERCANTIL N.º [NÚMERO] **DE** [LOCALIDAD] **(1)**

D./D.ª [NOMBRE_PROCURADOR], procurador de los Tribunales n.º [NÚMERO_CO-LEGIADO], en nombre y representación de D./D.ª [NOMBRE_DEUDOR], según consta en autos y bajo la dirección letrada de D./D.ª [NOMBRE_ABOGADO], ante el juzgado comparezco y como mejor proceda en derecho,

DIGO

Que, por medio del presente escrito y en virtud del artículo 717.4 del Texto Refundido de la Ley Concursal (en adelante, TRLC), vengo a presentar escrito de IMPUGNACIÓN DEL INFORME DE CALIFICACIÓN ABREVIADA DEL PROCEDIMIENTO ESPECIAL EMITIDO POR LA ADMINISTRACIÓN CONCURSAL Y/O DEL ACREEDOR PÚBLICO CUYO INFORME SE IMPUGNA [ESPECIFICAR_SEGÚN_CORRESPONDA,_INDICANDO_EN_SU_CASO_LA_IDENTIDAD_DEL_ACREEDOR_O_ACREEDORES_PÚBLICOS], en base a los siguientes,

HECHOS

PRIMERO.- Con fecha [FECHA] se notificó a esta parte el informe de calificación abreviada de la administración concursal y/o del acreedor público [ESPECIFICAR_SEGÚN_CORRESPONDA,_INDICANDO_EN_SU_CASO_LA_IDENTIDAD_DEL_ACREEDOR_O_ACREEDORES_PÚBLICOS] al amparo de lo establecido en el artículo 717 del TRLC. El informe impugnado propone como resolución la calificación del procedimiento especial como culpable.

SEGUNDO.- Que esta parte, en su condición de deudor/ afectado por la propuesta de calificación del informe/ calificado en el informe como cómplice [ELEGIR_LO_QUE_PROCEDA], entiende que dicho informe no se ajusta a la realidad en base a los siguientes motivos:

[ESPECIFICAR]

[EN SU CASO] A fin de acreditar estos extremos se acompañan los siguientes documentos:

[ESPECIFICAR]

Por ello, no cabe duda de que la calificación contenida en el informe impugnado es errónea. Debiendo calificarse el procedimiento especial como no culpable/ exonerar de responsabilidad/ no considerarse cómplice [ELEGIR_LO_QUE_PROCEDA].

A los anteriores hechos les son de aplicación los siguientes,

FUNDAMENTOS DE DERECHO

I.- JURISDICCIÓN Y COMPETENCIA

Corresponde el conocimiento al juzgado al que me dirijo conforme al art. 87de la LOPJ y a los arts. 44 y 45 del TRLC.

II.- POSTULACIÓN

Esta parte actúa representada por procurador y asistida de abogado conforme a los arts. 23 y 31 de la LEC, y de acuerdo con el artículo 717.4 del TRLC en cuanto a la intervención de abogado.

III.- LEGITIMACIÓN

Esta parte se encuentra legitimada conforme a lo dispuesto en el art. 717.4 del TRLC, donde se señala que:

«4. En otro caso, si el informe de la administración concursal o el informe de alguno de los acreedores públicos calificaran el procedimiento especial de liquidación como culpable, se dará traslado del informe al deudor y a todas las demás personas que, según el informe, pudieran ser afectadas por la calificación o declaradas cómplices, a fin de que, en plazo de quince días hábiles, acepten o se opongan a la calificación como culpable (...)».

IV.- FONDO

Se impugna el informe de calificación abreviada del procedimiento especial emitido por [LA_ADMINISTRACIÓN_CONCURSAL_Y/O_NOMBRE_DEL_ACREEDOR_PÚBLI-CO_CUYO_INFORME_SE_IMPUGNA], siguiendo lo dispuesto en el art. 717.4 TRLC:

«4. En otro caso, si el informe de la administración concursal o el informe de alguno de los acreedores públicos calificaran el procedimiento especial de liquidación como culpable, se dará traslado del informe al deudor y a todas las demás personas que, según el informe, pudieran ser afectadas por la calificación o declaradas cómplices, a fin de que, en plazo de quince días hábiles, acepten o se opongan a la calificación como culpable. La oposición se realizará mediante escrito de impugnación del informe de la administración concursal, que será firmado por abogado».

Por su parte, el artículo 717.5 del TRLC señala lo siguiente:
«5. El juez podrá convocar a las partes a una vista, en un plazo no superior a cinco días, que excepcionalmente podrá ser una vista ordinaria cuando se considere necesario para la práctica de las pruebas propuestas. En el plazo de diez días hábiles tras la vista y en todo caso dentro de los veinte días siguientes a la presentación de los escritos de oposición, el juez dictará sentencia».

De igual forma, resulta de aplicación lo dispuesto en el artículo 718 del TRLC:

«Artículo 718. Régimen general aplicable a la calificación abreviada.
1. Resultará aplicable la regulación del libro primero respecto de las disposiciones generales de la calificación del concurso y de la sentencia de calificación.
2. Respecto a las presunciones de culpabilidad, se considerará además como presunción, sin admitir prueba en contrario, la provisión de información o documentación gravemente inexacta o falsa de acuerdo con el artículo 688».

Por todo lo anterior,

SUPLICO AL JUZGADO:

Que tenga por presentado este escrito y documentos adjuntos, los admita y tenga por presentada **IMPUGNACIÓN DEL INFORME DE CALIFICACIÓN ABREVIADA DEL PROCEDIMIENTO ESPECIAL EMITIDO POR** [LA_ADMINISTRACIÓN_CONCURSAL_Y/O_NOMBRE_DEL_ACREEDOR_PÚBLICO_CUYO_INFORME_SE_IMPUGNA] y, previos los trámites oportunos, dicte sentencia por la que se [ELEGIR_LO_QUE_PROCEDA] califique el procedimiento especial como no culpable/ exonere de responsabilidad a [NOMBRE]/ no se considere cómplice a [NOMBRE].

Por ser justicia que pido, en [LUGAR], a [FECHA].

Letrado D./D.ª [NOMBRE]   Procurador D./D.ª [NOMBRE]

[NÚMERO_COLEGIADO ABOGADO_CLIENTE] [NÚMERO_COLEGIADO_PROCURADOR_CLIENTE]

---

(1) Por la reforma realizada por la LO 1/2025, de 2 de enero, una vez implantados de forma efectiva los tribunales de instancia (D.T. 1.ª), todas las referencias realizadas a los juzgados unipersonales se entenderán realizadas a las secciones del orden jurisdiccional correspondiente de los tribunales de instancia.

Recurso de reposición por acreedores contra auto de conclusión de procedimiento especial de microempresas

AUTOS: [NÚMERO]

EMPRESA: [NOMBRE_EMPRESA]

AL JUZGADO DE LO MERCANTIL N.º [NÚMERO] **DE** [LOCALIDAD] **(1)**

Don/Doña [NOMBRE_PROCURADOR], procurador/a de los tribunales n.º [NÚMERO_COLEGIADO], en nombre y representación de don/doña [NOMBRE_DEUDOR], según consta en autos y bajo la dirección letrada de don/doña [NOMBRE_ABOGADO], ante el juzgado comparezco y como mejor proceda en derecho,

DIGO

Siguiendo instrucciones de mi mandante, vengo a promover RECURSO DE REPOSICIÓN CONTRA LA CONCLUSIÓN DEL PROCEDIMIENTO ESPECIAL POR INCUMPLIMIENTO DEL PLAN DE CONTINUACIÓN, en base a los siguientes,

HECHOS

PRIMERO.- Con fecha [FECHA], se ha notificado a esta parte la conclusión del procedimiento especial. Sin embargo, esta parte considera que no se dan la condiciones para la conclusión del mismo, toda vez que no se ha cumplido con el plan de continuación.

SEGUNDO.- Con fecha [FECHA], se aprobó el plan de continuación, que, propuesto por el deudor, fue aceptado con quórum suficiente por los acreedores.

TERCERO.- El plan de continuación fue expresamente/tácitamente homologado [ELEGIR_LO_QUE_PROCEDA] (2) en fecha [FECHA].

CUARTO.- Entre los compromisos adquiridos por el/la concursado/a se encuentra el plan de pagos, en el que se acordaba una quita del [PORCENTAJE] %, y se determinaban los siguientes compromisos de pago:

[DESCRIPCIÓN].

QUINTO.- El plan de pagos propuesto se fue cumpliendo [ESPECIFICAR_SI_SE_DA_ALGUNA_CIRCUNSTANCIA] hasta la fecha [FECHA]. A partir de [FECHA], el/la concursado/a ha dejado de pagar a mi mandante [NÚMERO] cuotas a las que estaba comprometido a pagar.

SEXTO.- La deuda impagada a mi mandante asciende a la cantidad de [CANTIDAD] euros, correspondiente a [DESCRIPCIÓN], que debieron ser amortizadas en las fechas [FECHA], [FECHA], conforme lo que establece el plan de continuación aprobado, en su cláusula n.º [NÚMERO].

SÉPTIMO.- Mi mandante es el acreedor n.º [NÚMERO] de la relación de acreedores de la lista definitiva de este concurso, que obra en este juzgado.

A los anteriores hechos son de aplicación los siguientes,

FUNDAMENTOS DE DERECHO

I.- PROCEDIMIENTO

Señala el artículo 720.1.1.º del TRLC que contra el auto de conclusión del procedimiento especial podrá interponerse recurso de reposición por los acreedores que consideren incumplido el plan.

II.- LEGITIMACIÓN

Mi representado/a está legitimado/a como acreedor que considera incumplido el plan de continuación. La legitimación pasiva corresponde al/a la concursado/a.

III.- PROPOSICIÓN DE PRUEBAS

Interesa a esta parte el recibimiento a prueba y manifiesta los medios de los que intenta valerse en el presente incidente:

[DESCRIPCIÓN]

La prueba negativa de la falta de pago de [NÚMERO] meses consecutivos, solo puede ser destruida por el/la demandado/a mediante la prueba del pago con el correspondiente recibo, o transferencia bancaria.

Por lo expuesto,

AL JUZGADO SUPLICO:

Que, teniendo por presentado este escrito junto con los documentos que lo acompañan, se sirva admitirlo y a tener por formulado RECURSO DE REPOSICIÓN CONTRA LA CONCLUSIÓN DEL PROCEDIMIENTO ESPECIAL POR INCUMPLIMIENTO DEL PLAN DE CONTINUACIÓN y, previos trámites legales oportunos, proceda a declarar incumplido el plan de continuación y se declare no concluido el procedimiento especial.

Es justicia que se pide en [LOCALIDAD] a [DIA] de [MES] de [AÑO].

Letrado/a D./D.ª [NOMBRE]   Procurador/a D./D.ª [NOMBRE]

[NÚMERO_COLEGIADO ABOGADO_CLIENTE]   [NÚMERO_COLEGIADO_PROCU-
RADOR_CLIENTE]

---

(1) Por la reforma realizada por la LO 1/2025, de 2 de enero, una vez implantados de forma efectiva los tribunales de instancia (D.T. 1.ª), todas las referencias realizadas a los juzgados unipersonales se entenderán realizadas a las secciones del orden jurisdiccional correspondiente de los tribunales de instancia.

(2) Conforme al artículo 698 bis del TRLC , relativo a la homologación judicial del plan:

«1. Una vez aprobado el plan por los acreedores, el deudor o los acreedores titulares de créditos afectados por el plan podrán solicitar que el juez se pronuncie sobre la homologación del plan dentro de los diez días hábiles siguientes a la notificación de la certificación del resultado favorable a la aprobación en el procedimiento escrito.

2. Si, trascurrido el plazo previsto en el apartado anterior, ni el deudor ni ningún acreedor solicitare un pronunciamiento judicial expreso sobre la homologación, el plan se considerará tácitamente homologado. En caso de considerarlo necesario, el deudor o cualquier interesado podrá obtener una declaración de homologación tácita del plan de continuación del juzgado competente.

3. La homologación tácita no será posible cuando la aprobación del plan se haya conseguido con una mayoría del pasivo cuyo voto se ha considerado positivo por ausencia de voto, según se establece en el artículo precedente. Esta homologación expresa será obligatoria cuando se incluyan créditos de los acreedores públicos en el plan.

4. La solicitud de pronunciamiento judicial sobre la homologación se realizará mediante presentación de formulario normalizado, junto con las alegaciones que se consideren oportunas. Una vez recibida la solicitud, el letrado de la Administración de Justicia dará traslado al deudor y al resto de los acreedores para que, en el plazo de quince días hábiles, manifiesten lo que consideren oportuno. Si lo considera necesario, el juez podrá convocar a las partes a una vista. Transcurrido el plazo de alegaciones o, en su caso, la celebración de la vista, el juez dictará auto homologando o rechazando la homologación del plan en un plazo máximo de diez días hábiles.

5. El juez podrá solicitar un informe de un experto en la reestructuración sobre el valor del deudor como empresa en funcionamiento cuando lo considere necesario, y, en todo caso, cuando una clase de acreedores afectados por el plan haya votado en contra. En este supuesto, el plazo máximo para resolver será de veinte días hábiles.

6. El juez procederá a homologar el plan siempre que se cumplan cumulativamente los siguientes requisitos:

1.º Que el deudor se encuentre en probabilidad de insolvencia, insolvencia inminente o insolvencia actual y el plan ofrezca una perspectiva razonable de asegurar la viabilidad de la empresa en el corto y medio plazo.

2.º Se hayan observado los requisitos procesales y se hayan alcanzado las mayorías necesarias previstas para el procedimiento especial de continuación.

3.º Que los créditos dentro de la misma clase sean tratados de forma paritaria.

4.º Que el plan supere la prueba del interés superior de los acreedores, de acuerdo con las reglas del libro segundo.

5.º Que, en el caso de que el plan no haya sido aprobado por una clase de acreedores, el plan sea justo y equitativo. Como regla general se entenderá que el plan es justo y equitativo cuando la clase de acreedores que haya votado en contra reciba un trato más favorable que cualquier clase de rango inferior, el plan sea imprescindible para asegurar la viabilidad de la empresa y los créditos de los acreedores afectados no se vean perjudicados injustificadamente.

6.º Cuando se haya concedido o se vaya a conceder financiación al deudor en virtud del plan de continuación, que dicha financiación sea necesaria para asegurar la viabilidad de la empresa y no perjudique injustificadamente los intereses de los acreedores.

7.º Se hayan observado los requisitos y efectos previstos en este libro respecto de los acreedores públicos y el deudor se encuentre al corriente en el pago de las deudas tributarias y de seguridad social devengadas que hayan surgido con posterioridad a la solicitud de apertura del procedimiento especial de continuación».